نظم المعلومات الادارية

(منظور تكنولوجي)

Management Information Systems

(Technological Perspective)

الدكتور مزهر شعبان العاني

أستاذ تكنولوجيا المعلومات المشارك

جامعة عمان العربية للدراسات العليا

دار وائل للنشر

الطبعة الأولى

2009

رقم الايداع لدى دائرة المكتبة الوطنية : (2008/7/2511)
العاني ، مزهر
نظم المعلومات الادارية : منظور تكنولوجي / مزهر شعبان العاني .
- عمان ، دار وائل 2008
(271) ص
ر.إ. : (2008/7/2511)
الواصفات: نظم المعلومات / الادارة / تكنولوجيا المعلومات
* تم إعداد بيانات الفهرسة والتصنيف الأولية من قبل دائرة المكتبة الوطنية

****

رقم التصنيف العشري / ديوي : 658.403
ISBN 978-9957-11-766-5 (ردمك)

* نظم المعلومات الادارية - منظور تكنولوجي
* الدكتور مزهر شعبان العاني
* الطبعة الأولى 2009

* جميع الحقوق محفوظة للناشر

دار وائـل للنشر والتوزيع
* الأردن - عمان - شارع الجمعية العلمية الملكية - مبنى الجامعة الاردنية الاستثماري رقم (2) الطابق الثاني
الجبيهة)- هـاتف : 00962-6-5338410 - فاكس : 00962-6-5331661 - ص. ب (1615
* الأردن - عمـان - وسـط البـلد - مجمـع الفحيص التجـاري- هـاتف: 00962-6-4627627
www.darwael.com
E-Mail: Wael@Darwael.Com

الإهــداء

إلى ...

بـلاد الرافدين ... أرض الآباء والأجداد

البلاد الهاشمية ... أرض الكرم والعطاء

بـلاد الاندلس ... أرض العلم والمعرفة

شكر وتقدير

يتقدم المؤلف بالشكر والتقدير للزميلين

الاستاذ الدكتور حارث عبود

والمرحوم الدكتور محمد الشموط

لما قدماه من ملاحظات وما أبدياه من ملاحظات سديدة حول الكتاب

تقديم

تجاوزت التكنولوجيا الحديثة حدود المسافات في العالم المترامي الاطراف وسهلت الاتصال والتواصل، مثلما قربت المسافات بين مختلف العلوم في شتى المجالات، فتداخلت التخصصات وأنبثقت تخصصات جديدة لم نكن نسمع عنها من قبل. أن تطويع تكنولوجيا المعلومات في خدمة العلوم الاخرى أدى الى حدوث ما يشبه بالثورة العلمية الحديثة، فنادرا ما تجد تخصصاً من التخصصات لم يدخل تكنولوجيا المعلومات لأجل تطوير هذا التخصص او ذاك والرقي به ليكون رائداً في حقل العمل. نظم المعلومات الادارية هو أحد هذه التخصصات الحديثة التي ظهرت لتزاوج بين تكنولوجيا المعلومات والعلوم الادارية، فنظم المعلومات الادارية علم متطور ويعتمد بالدرجة الرئيسة على التكنولوجيا.

لقد صدرت كتب عديدة في مجال نظم المعلومات الادارية أعداد منها باللغة العربية ولكن اغلبية هذه الكتب يركز في عرضه للمواضيع على جانب معين دون جانب اخر، فالمتخصص في الادارة يعرض وجهة النظر الادارية ويسهب في حين أن المتخصص بالتكنولوجيا يركز على الجوانب التكنولوجية ويدخل في تفاصيلها. لقد أجتهدت في جعل هذا الكتاب مختلفا من حيث طريقة تناوله المواضيع والمحتوى والشمول حيث أنه تطرق الى كافة جوانب نظم الاعمال الادارية من النواحي الادارية والتكنولوجية وكيفية تطويع التكنولوجيا الحديثة في ادارة الاعمال وفي المؤسسات، أضافة الى التركيز الخاص على التطور السريع والفائق لتكنولوجيا الاتصالات وكيفية توظيف ذلك في خدمة المؤسسات.

يحتوي هذا الكتاب على فقرات وضعت باللغة الانكليزية وهي مكونة من عدة سطور لتسهم في رفع مستوى الطالب وتنمي قابليته على استيعاب المادة وتنمية مهارته في كيفية ربطها مع الاسئلة في نهاية كل فصل. يمتاز هذا الكتاب بانه يحتوي على عدد كبير من الاسئلة الانشائية والموضوعية حيث ان كل فصل يتضمن 20 سؤالاً انشائياً و20

سؤالاً موضوعياً قد وضعت باللغة الانكليزية لتقوية قدرة ومهارة الطالب على الربط بينها وبين المادة العلمية. يحتوي الكتاب على ثمان فصول مترابطة مع بعضها لعرض موضوع نظم المعلومات الادارية على شكل حزمة متكاملة لدمج الجانب النظري مع الجانب التطبيقي. أضافة الى ذلك أحتوى الكتاب على مجموعة من الحالات التطبيقية لكي تقرب المفاهيم الى القارئ وتساعده على أكتساب الخبرة والتحليل من حيث طرح حالات وتطبيقات مشابهة.

والله من وراء القصد

المؤلف

المحتويات

Chapter Seven

الشبكات والاتصالات

Networks and Telecommunications

Chapter One

نظم معلومات الاعمال

Business Information Systems (BIS)

Learning Objectives

1. Understanding the concepts of information system (IS).

2. Understanding the concepts of management information system (MIS).

3. Understanding the concepts of business information system (BIS).

4. Understanding the types of management information system.

5. Understanding the key functions of Information Systems in Business Functions.

6. Understanding the Carriers in Information Systems.

1.1 مقدمة Introduction

Management information systems do not have to be computerized, but with today's large, multinational corporations, computerization is a must for a business to be successful.

دراسة النظم والمعلومات ليست حالة جديدة فالحضارة البابلية ومسلة حمورابي تضمنت نظماً وقوانين كثيرةً لتنظيم الاعمال والحياة. المصريون عندما بنو الاهرامات أعتمدو في ذلك على نظم للقياسات لكي يتمكنوا من تشييد هذه المباني العملاقة. الفلكيون الفينيقيون درسو نظام النجوم وتعلمو كيفية التنبؤ بالمستقبل. فتطوير المعايير والاجراءات وحتى النظريات هو قديم قدم الانسان، وأن الانسان يسعى دائما الى أيجاد علاقات وأنظمة لاكتشاف الحقائق من اجل تطوير الاعمال وتسهيل طرق الحياة. فالنظام هو الاسلوب العلمي للتحقيق وهو يتبنى صياغة الفكرة وأختبارها وتطبيق النتائج التي تسفر عنها، فالمنهج العلمي لحل المشاكل هو تحليل النظم في أوسع معانيها. فالبيانات لاقيمة لها حتى يتم جمعها في نظام حيث يمكن توفير المعلومات اللازمة في أتخاذ القرار.

نظم المعلومات على أختلاف أنواعها ليس من الضروري أن تكون محوسبة ولكن اليوم بالزيادة المطردة لأحجام الشركات والمؤسسات العالمية فأنه لابد من حوسبة الاعمال وأستخدام التكنولوجيا المتطورة فيها ويعتبر من أساسيات نجاحها. في 1642 اخترع عالم الرياضيات والفيلسوف الفرنسي بليز باسكال (Blaise Pascal) اول آلة ميكانيكيه مضيفا ان هذه الالة يمكن تؤدي الى تقدم في تجهيز المعلومات. ثم في عام 1880 قام تشارلز بابيج (Charles Babbage) أستاذ الرياضيات في جامعة كامبرج بمحاولة بناء الحوسبة الالية ومن ثم أخذ يعرف باب الحاسوب. وفي أواخر 1890، بسبب جهود هرمان هولليريث (Herman Hollerith)، الذي اوجد نظام البطاقات المثقبة لخزن البيانات لتعداد عام 1890، والبطاقه المثقبة التي وضعتها هولليريث كانت تستخدم في

وقت لاحق لتكوين شركة لتوفير معدات تجهيز البيانات، و تطورت هذه الشركة الى شركة ألآلات التجارية الدولية (International Business Machines (IBM)).

أُستخدمت الحواسيب الكبيرة في نظم المعلومات الادارية منذ بداية الاربعينيات الى نهاية السبعينيات، وفي السبعينيات أوجدت أولى الحواسيب الشخصية التي بناها الهواة. وقد كان لشركة أبل (Apple) اول حاسوب عملي تطبيقي، ثم في بداية الثمانينيات طورت شركة IBM حاسوبها الشخصي، ثم بعد ذلك دخلت الحواسيب الشخصية بشكل كبير في كل المجالات الصناعية والاعمال، حيث أصبح تقريبا كل نظام من نظم المعلونات الادارية تحيطه أنواع من الحواسيب والبرمجات. أصبحت نظم المعلومات الادارية ذات أهمية أكبر بعد ما كانت شخصية وخلف الكواليس لغاية السبعينيات، حيث أن العاملين كانوا لايعرفون أي شئ عن الاعمال التي تقدمها شركتهم أو مؤسستهم. هذه الامور قد تغيرت حيث أصبحت الحاجة الى وجود نظام معلومات أدارية فاعل هو الشاغل الرئيسي لاعمال المنظمة. يستخدم المدراء عمليات ووظائف نظم المعلومات الادارية في جميع مراحل الادارة بما في ذلك التخطيط والتنظيم والتوجيه والسيطرة.

1.2 نظم المعلومات Information Systems

An **Information System** (IS) is the system of persons, data records and activities that process the data and information in a given organization, including manual processes or automated processes. Computer-based information systems, which is only the Information technologies component of an Information System.

تُمثل البيانات المواد الخام التي تم جمعها ولم يتم ترتيبها أو معالجتها بعد، أما ناتج عملية المعالجة فيطلق عليه ما يسمى بالمعلومات، أي أن المعلومات تكون ذات جدوى ويمكن الاستفادة منها. النظم التي تتعامل مع البيانات والمعلومات أيا كانت يطلق عليها بنظم المعلومات وهذه النظم تتضمن الأشخاص وسجلات البيانات والفعاليات التي

تعالج البيانات والمعلومات في المنظمة أضافة الى العمليات اليدوية (manual processes) والعمليات المؤتمتة (automated processes). ومع تطور الحواسيب والبرمجيات والتوسع الكبير لنظم المعلومات، أصبح هناك حاجة ملحة لاستخدام نظم المعلومات المحوسبة في شتى المجالات.

نظام المعلومات يمكن أن يكون بأتجاهات مختلفة ويشمل:

1. الأفراد والالات والاساليب المنظمة في جمـع ومعالجـة وتجهيـز ونقـل البيانـات التـي تمثـل معلومات المستخدم.

2. الأتصالات السلكية واللاسلكية والمعدات المتصلة بالحاسوب والنظم الفرعية المرتبطة معها والتي تستخدم في توفير وخزن ومعالجة وأدارة وحركة ومرقبة وعرض وتبـادل وتحويـل ونقل وأرسال وأستلام البيانات والمعلومات بأشكالها المقروءة والمرئيـة والمسـموعة بمـا في ذلك المعدات المادية والبرمجية.

3. البنية التحتية الكاملة والمنظمـة والافـراد والمـوظفين والمكونـات اللازمـة لجمـع ومعالجـة وتخزين ونقل وعرض وتوزيع والتصرف في المعلومات.

1.3 نظم المعلومات الادارية   Management Information Systems

Management Information Systems (MIS), sometimes referred to as Information Management and Systems, is the discipline covering the application of people, technologies, and procedures (collectively called information systems) to solving business problems.

قبل الدخول في مفهوم نظم المعلومات الادارية لابد من توضيح وفهم كـل مـن النظم والمعلومات والادارة. فالنظام هو مزيج أو ترتيب لاجزاء معينـة لتشكيل البنيـة المتكاملة والنظام يشمل ترتيباً منظماً وفق قواعد وقوانين مشتركة، والنظام هو خطة أو طريقة لعمل شئ ما. أما المعلومات فهو ما يستخدم في عمل حالة الاعلام أو الابلاغ،

والمعلومـات تشـمل المعرفـة المكتسـبة. وبمعنـى اخـر، أن التطـورات التكنولوجيـة في مجـال الحواسيب وتجهيز البيانات والنظريات الجديدة لتحليل النظم جعلـت مـن الممكـن حوسـبة النظم. وأما الادارة فتوصف بأنها التخطيط والتنظيم والتوجيه والتحكم في العملية التجاريـة. فالادارة هي عمليـة تخـص المنظمـة بالمـدخلات والمـوارد البشـرية والاقتصـادية عـن طريـق التخطيط والتنظيم والتوجيه والسيطرة على الانتاج أو الخدمات المطلوبة مـن الزبـائن لاجـل تحقيق الاهداف التنظيمية.

أُستخدمت حواسيب الاعـمال التجاريـة منـذ بـداياتها في تطبيقـات الاعـمال، ومنهـا حوسبة الاعمال التجارية وحساب الرواتب ومتابعة عمليات الـدفع والقـبض في المـنظمات أو المؤسسات التجارية. وكذلك دخلت تطبيقات أخرى وفـرت للمـديرين معلومـات ذات قيمـة عـن الجـرد والخـزين والمبيعـات وغيرهـا مـن البيانـات التـي تسـاعد الادارة العليـا في أدارة المؤسسة. ومن هنا ظهر مصطلح نظم المعلومات الادارية ليصف هذه التطبيقات، ويستخدم هذا المصطلح اليوم على نطاق واسع ويشمل حقولاً كثيرة منها نظم دعم القرارات وتطبيقات أدارة الموارد والافراد وأدارة المشاريع وتطبيقات قواعد البيانـات وأسـترجاعها وغـير ذلـك مـن التطبيقات.

بالامكان توضيح نظم المعلومات الادارية على أنها النظم اليدويـة أو المعتمـدة عـلى الحاسوب والتي تحول البيانات الى معلومات ذات فائدة وتساعد في أتخـاذ القـرار في المظمـة أو المؤسسة ويمكن تصنيف هذه النظم بأدائها لثلاث وظائف كـما موضـحة في الشـكل (1.1) وكما يلي:

1. لتوليـد التقـارير (to generate reports) حيـث يشـمل البيانـات الماليـة وتقـارير الجـرد وتقارير الاداء الروتينية وغير الروتينية.
2. للأجابات (to answer) حيث يشمل الاسئلة الموجهة مـن قبـل الادارة لحـدث معـين مـثلا ماذا سيحدث للتدفق النقدي أذا غيرت الشركة مدة الأئتمان لعملائها وهذا السؤال يمكن الاجابة عليه عن طريق نظم المعلومات الادارية وتسمى هذه العملية بالمحاكاة.

3. لدعم أتخاذ القرار (to support decision making) وهـذا النـوع مـن الانظمـة يسـمى نظام دعم القرار (decision support system)، وهذه النظم تحاول دمج صانع القرار وقاعدة البيانات والنماذج الكمية التي يجري أستخدامها.

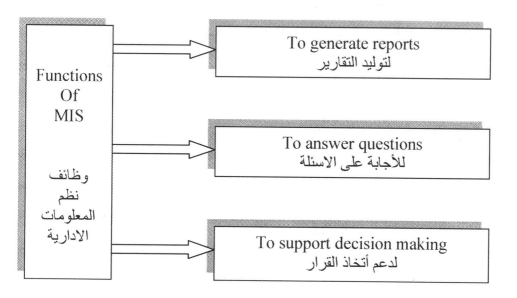

Functions Of MIS	→	To generate reports لتوليد التقارير
وظائف نظم المعلومات الادارية	→	To answer questions للأجابة على الاسئلة
	→	To support decision making لدعم أتخاذ القرار

شكل (1.1) وظائف نظم المعلومات الادارية

Types of MIS   1.4 أنواع نظم المعلومات الادارية

Management information systems can be used as a support to managers to provide a competitive advantage. The system must support the goals of the organization.

نظم المعلومات الاداريه يمكن ان يستخدم كوسيله لـدعم المـديرين علـى تـوفير ميزة تنافسية، والنظام يجب أن يدعم أهداف المنظمة. معظم المنظمات تكون مهيكلة على شكل خطوط وظيفية ويتم تحديد النظم النموذجية على النحو التالي:

1. نظم معلومات الادارة المحاسبية (accounting management information systems) حيث تعمل كافة التقارير المحاسبية على هيئة المشاركة لكافة مستويات مدراء المحاسبة.

2. نظم معلومات الادارة المالية (financial management information systems) حيث يقدم المعلومات المالية الى جميع المدراء الماليين داخل المنظمة بما في ذلك المسؤول المالي الاول. يقوم المسؤول المالي الاول بتحليل النشاط المالي القديم والحالي ويحدد المتطلبات والاحتياجات المالية المستقبلية، ويقوم برصد ومراقبة أستخدام الاموال على مر الزمن بأستخدام المعلومات المهيأة من قبل قسم نظم المعلومات الادارية.

3. نظم معلومات أدارة التصنيع (manufacturing management information systems) حيث أن هذه العمليات اكثر من أي مجال وظيفي كانت تتأثر بالتطور الكبير في التكنولوجيا ونتيجة لذلك فأن عمليات التصنيع قد تغيرت. على سبيل المثال فأن المخازن تكون مجهزة لتقدم في الوقت المناسب تماما حيث لاتوجد أموال طائلة تصرف على التخزين، ففي بعض الاحيان تكون الشاحنات جاهزة لنقل المواد الاولية الى المصنع مباشرة والاستغناء عن المخازن.

4. نظم معلومات أدارة التسويق (marketing management information systems) حيث أن هذه النظم تدعم النشاط الاداري في تطوير المنتج وتوزيعه وقرارات التسعيرة وفعالية الترويج والتنبؤ بالمبيعات. تعتمد نظم التسويق على المصادر الخارجية للبيانات أكثر من أي نظام اخر وهذه المصادر تشمل المنافسة والعملاء.

5. نظم معلومات أدارة الموارد البشرية (Human resources management information systems) حيث أن هذه النظم لها علاقة مع الانشطة المتعلقة بالعاملين والمديرين وغيرهم من الافراد الذين تستخدمهم المنظمة. بما أن هذه الوظيفة شخصية ولها علاقة في جميع المجالات الاخرى في قطاع الاعمال فأن هذه الانظمة تلعب دورا مهما في نجاح المنظمة. الانشطة التي تتضمنها نظم معلومات

أدارة المـوارد البشـرية تشـمل تحليـل القـوى العاملـة والتخطيـط والتوظيـف والتـدريب وتكليفات العمل.

1.5 تطوير النظم   Systems Development

> MIS managers are in charge of the systems development operations for their firm. Systems development requires four stages when developing a system for any phase of the organization: planning, requirements, development, and implementation.

يحتاج تطوير اي نظام ضمن المنظمـة الى دراسـة وتقصيـ وجمـع المعلومـات، وأعـداد خطط ومناقشات لكي تنضج الفكرة وتصبح مؤهلة لكي تكون مشروعاً قيد التطوير. مـديرو نظم المعلومات الادارية هم المسؤولون عن عمليات تطوير النظم ضمن المنظمـة أو الشـركة. وتتطلب عملية تطوير النظم أربعة مراحل عند تطوير أي نظام لاي مراحلـة في المنظمـة كـما موضح في الشكل (1.2):

1. المرحلـة الاولى هـي تخطيـط النظم (systems planning) حيـث يقـوم فريـق النظـم بالتحقيق في المشكلة الاولية عن طريق تحديـد ماهيـة المشكلة ووضـع دراسـة جـدوى للأدارة.

2. المرحلـة الثانيـة هـي تحديـد المتطلبـات اللازمـة للـنظم (identify the requirements) وتشمل تحليل النظم ومتطلبات المستخدمين وتحديد مايلزم مـن المتطلبـات المادية والبرمجية والتصميم الفكري للنظام ثم أستعراض تحليل وتصميم النظم مع الادارة العليا.

3. المرحلة الثالثة هي تطوير النظم (systems development) وتشمل هذه المرحلة تطوير الدعم الفني والمواصفات الفنية ومراجعة المستخدمين وأجراءات الرقابة وتصميم النظام وأختبار النظام وتوفير التدريب لمستخدمي النظام. بعد ذلك تقوم الادارة بمراجعة النظام مرة أخرى وتقرر فيما أذا كان ينبغي تنفيذ هذا النظام.

4. المرحلة الرابعة هي تنفيذ النظام (systems implementation) حيث يتم تحويله من النظام القديم الى النظام الجديد وأنه قد تم تنفيذه وتصنيعه، ثم بعد ذلك تستمر صيانة وأدامة النظام وأعادة تقييمه له لمعرفة فيما أذا كان لايزال ملبياً لاحتياجات الاعمال.

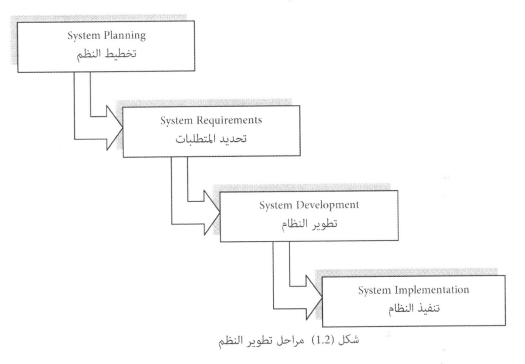

شكل (1.2) مراحل تطوير النظم

1.6 نظم معلومات الاعمال Business Information Systems

In the past information systems were developed simply to improve the efficiency of specific business functions. More recently information systems have been viewed as tools for obtaining competitive advantage.

تستخدم نظم معلومات الاعمال أو نظم المعلومات في الاعمال من أجل تنظيم وتطوير ورفع كفاءة العمل في المنظمة أو المؤسسة وقد مرت هذه النظم بعدة تطورات ومراحل وكما هي موضحة في الشكل (1.3) وكما يلي:

1. مرحلة السبعينات وهي مرحلة الحواسيب الكبيرة والانظمة المركزية المرتبطة بقسم من وظائف الاعمال كرواتب الموظفين والجرد والمخازن والفواتير وقد كان التركيز الرئيس خلالها على كيفية أتمتة العمليات والوظائف.

2. مرحلة الثمانينات وهي مرحلة الحواسيب الشخصية، وشبكات الحواسيب المحلية حيث تم أنشاء أدارات خاصة بالنظم الحاسوبية بينما ظهور معالجات النصوص وجداول البيانات جعل الاقسام أقل أعتمادا على قسم تكنولوجيا المعلومات وأن المحور الرئيس هو أتمتة العمليات والوظائف.

3. مرحلة التسعينات وهي مرحلة شبكات الحاسوب الواسعة حيث أصبحت هناك معايير خاصة بها وأصبحت الادارة العليا تبحث عن تكامل الانظمة والبيانات وليس النظم المستقلة والمحور الرئيس هو السيطرة المركزية ومشاركة التعلم.

4. مرحلة الالفين وهي مرحلة توسيع الشبكات الواسعة عن طريق شبكة الانترنت لتشمل المؤسسات التجارية العالمية وشركاء الاعمال والتجار وسلسلة التوريد والتوزيع حيث أن الادارة العليا تتطلع لتبادل البيانات عبر هذه النظم والمحور الرئيس هو الكفاءة والسرعة بالمخزون والتصنيع والتوزيع.

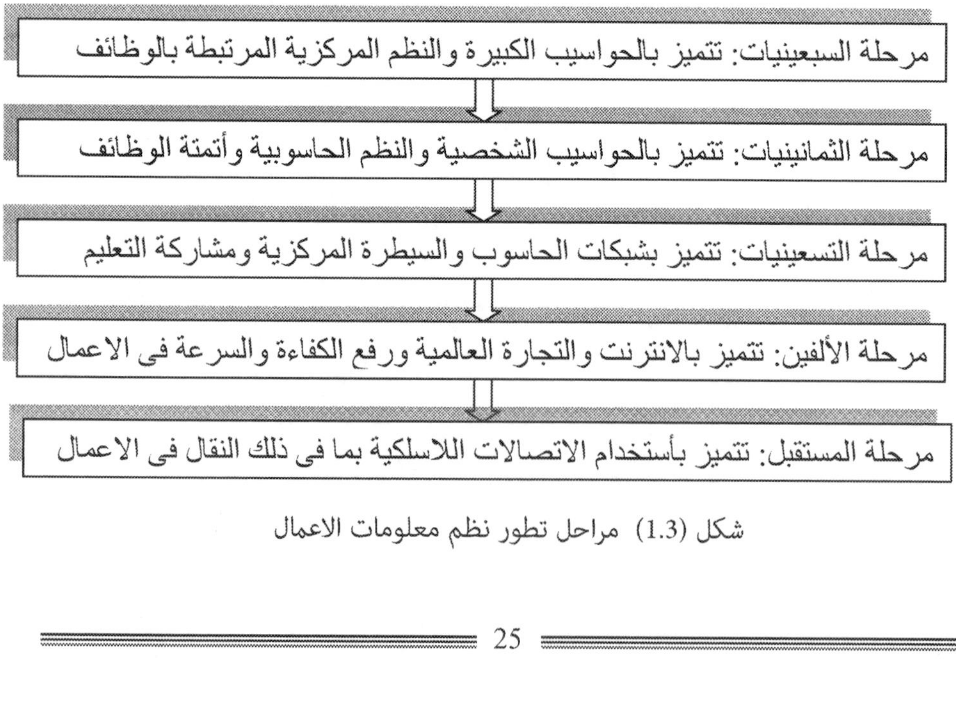

مرحلة السبعينيات: تتميز بالحواسيب الكبيرة والنظم المركزية المرتبطة بالوظائف
مرحلة الثمانينيات: تتميز بالحواسيب الشخصية والنظم الحاسوبية وأتمتة الوظائف
مرحلة التسعينيات: تتميز بشبكات الحاسوب والسيطرة المركزية ومشاركة التعليم
مرحلة الألفين: تتميز بالانترنت والتجارة العالمية ورفع الكفاءة والسرعة فى الاعمال
مرحلة المستقبل: تتميز بأستخدام الاتصالات اللاسلكية بما فى ذلك النقال فى الاعمال

شكل (1.3) مراحل تطور نظم معلومات الاعمال

1.7 نظم المعلومات في وظائف الاعمال

Information Systems in Business Functions

Successful organizations depend on the contributions of five key functions – human resources, information management, marketing, operations management, and accounting and finance.

وظائف الاعمال في المنظمة مختلفة وكثيرة وهي تعمل مجتمعـة لـدعم عمـل المنظمـة ويمكن جمعها في خمسة وظائف عمل رئيسة كما هو موضح في الشـكل (1.4) وهـي: المـوارد البشرية وأدارة المعلومات والتسويق وأدارة العمليات والمحاسبة والتمويل وهنـاك وظائف مساعدة يمكن أضافتها تتعلـق بتكنولوجيا المعلومـات والتقنيـات التابعـة لهـا. ومـن نظـم المعلومات في وظائف الاعمال مايلي:

- نظم معلومات المـوارد البشرـية (human resources information systems) حيـث تعتبر الموارد البشرية عماد المنظمة وأنها تسعى من أجل تجاوز أدوار الادارة والموظف، وينظر اليها لتكون فاعلة ومشاركة في الادارة العليا، على الرغم من أنها تواجه صعوبات كثيرة في الشركات التقليدية. وفي الاونة الاخيرة ساعدت البحوث على تطوير النماذج لمساعدة الموارد البشرية في أضافة قيمة حقيقيـة للأعـمال. تساعد أنظمـة أدارة المـوارد البشرية بشكل رئيسي في حفظ السجلات وتقييم العاملين، حيـث أن كـل منظمـة يجـب أن تحتفظ بسجل دقيق للعاملين يتضمن معلومات كاملـة عـن كـل فـرد، أمـا أنظمـة تقييم الاداء فأنها تزود بقوائم التدقيق والتي بأمكان المديرون الدخول اليهـا مـن أجـل متابعة المرؤوسين. وتخدم نظـم معلومـات المـوارد البشرـية أهـدافاً كثيرةً منهـا: حشـد الجهود لايجاد مرشحين لملئ فرص العمل، الاختيار، التنسيب، تحليل الفوائـد، متطلبـات ومهارات العاملين وخدمات أخرى.

- نظم المعلومات المحاسبية (accounting information systems) أن الهدف من هذه النظم هو تجميع المعلومات لتساعد في أتخاذ القرار وقد كانت هذه النظم قديما عبـارة عن نظم تقليدية ورقية أما الان فأصبحت تعتمد على الحاسوب وتكنولوجيا المعلومـات

في أغلب عملياتها. وتساعد هـذه الـنظم في فعاليـات الاعمال وتزويد البيانـات المالية الدورية وتزويد التقارير المطلوبة قانونيا وبيانات الارباح والخسـائر. وكذلك فـأن هـذه النظم تزود التقارير الغير مطلوبة قانونيا والتي تساعد المـدراء في فهـم تغـيرات تمويـل المنظمة. وتشمل هذه النظم المراقبة للتأكد من الالتزام بالمعايير.

● نظم المعلومات المالية (financial information systems) أصبحت هـذه الـنظم الان معتمدة كليا على الحاسوب وتكنولوجيا المعلومات وتزود المنظمة وأدارتها بالمعلومات المالية والتي تركز على تقارير التغيرات المالية والهدف من هذه النظم هو تسهيل وضع الخطط المالية وفعاليات الاعمال وكذلك تساعد المنظمة في تنظيم الميزانية وأدارة تـدفق النقد والاموال وتحليل الاستثمار وأتخـاذ القرارات المناسبة لتخفيض النفقـات وزيـادة الارباح.

● نظم المعلومات التسويقية (marketing information systems) أن هـدف التسويق هو تحديد الاشخاص والمنظمات الاكثر رغبة في الشراء، وماهي مبيعات المنظمـة وكذلك لترويج المنتجات والخدمات المناسبة لتلك المنظمات والاشخاص. وتساعد هذه النظم في تحليل الطلب لمختلف البضائع في الامـاكن المختلفة والمجـاميع السكانية لـكي يكون السوق أكثر دقة وتكون البضاعة المناسبة الى المستهلك المناسب. وتـزود هـذه الـنظم معلومات تساعد الادارة لتحديد طلبات الشراء لمختلف البضائع وفي المناطق الجغرافيـة المختلفة.

شكل(1.4) وظائف الاعمال في المنظمة

1.8 وظائف في نظم المعلومات   Carriers in Information Systems

Careers in information systems may take a variety of paths. Some CIS graduates concentrate on technical topics, and they become very highly paid technical specialists. Others move into management of the information systems function, or into general management of a firm.

إن الوظائف في نظم المعلومات كثيرة ومتعددة، ولكن بدخول التكنولوجيا تغيرات هـذه الوظائف وأدخلت وظائف جديدة فأصبح الطلب كبير جدا عـلى متخصصي ـ تكنولوجيا المعلومات ونظم الشبكات ونقل البيانات ومحللي النظم والمبرمجين ومهندسي البرامج

ويتوقع أن زيادة الطلب ستبقى مستمرة لعدة سنوات أخرى. و سنتطرق فيما يلي لبعض الوظائف المتخصصة في تكنولوجيا المعلومات وهي:

- محلل نظم (systems analyst) أن العديد من متخصصي تكنولوجيا المعلومات يبدأون وظيفتهم كمبرمجين ثم سينتقلون الى وظيفة محلل نظم ويحتاج هذا الموقع الى مدى واسع من المهارات في فهم عمليات الاعمال وكيفية تطبيقها بأستخدام تكنولوجيا المعلومات. ولهذه الوظيفة علاقة بتحليل أحتياجات الاعمال ونظم المعلومات وأن جزء كبير منها يتعلق بأنشاء تطبيقات الاعمال. يعمل محلل النظم على تصميم نظم المعلومات الجديدة وتحديث وتطوير النظم الموجودة حاليا. ويعتمد نجاح محلل النظم على مهارات الاتصال الجيدة لنقل مواصفات المستخدم في عمليات الاعمال الى مبادئ النظام.

- مدير قاعدة البيانات (database administrator) يعتبر هذا الشخص هو مسؤولاً عن قواعد البيانات، ومخازن البيانات وأختيار وتطبيق نظم أدارة قواعد البيانات في المنظمة ويقوم بأعمال مهمة منها: تنصيب البرامج الجديدة، وترتيب المعدات المادية والبرمجية بالتنسيق مع مدير النظام وتوفير الادارة الامينة لقاعدة البيانات، وتحليل البيانات الدوري وتصميم مراحل قاعدة البيانات ونمذجة وتحسين البيانات. بنمو المنظمات وربط قواعد البيانات الى ألويب لغرض أستخدامها من العاملين والشركاء والزبائن، وزيادة أحتمالية أختراق البيانات من قبل اللصوص لذا فأن وظيفة مدير قاعدة البيانات أصبحت أكثر خطورة لذا من الضروري وضع نظام حماية أكثر تطورا ولايسمح لدخول غير المخولين لقاعدة البيانات.

- مدير الشبكة (network administrator) تعتبر هذه الوظيفة حديثة حيث ظهرت مع ظهور شبكات الحواسيب والاتصالات. أن الانتشار الواسع لاستخدامهم هذه التقنيات في المنظمات أضافة الى أدخال تقنيات جديدة ومتطورة في هذا المجال كالشبكات اللاسلكية والخلوية ويتوقع أن تصبح هذه الوظيفة من أكثر الوظائف طلبا وأكثرها راتبا. ومدير الشبكة يكون مسؤول عن توصيل وتنفيذ وأدارة وحل مشاكل الشبكة خلال المنظمة وربطها مع العالم الخارجي أضافة الى تأمين الحماية اللازمة لها.

- مدير الوب (webmaster) أن الانتشار الواسع للوب والانترنت والانترانت أدى الى زيادة مسؤولية مدير الوب. مدير الوب هو الشخص المسؤول عن موقع الوب، ويكون مسؤول عن أنشاء وأدامة موقع الوب للمنظمة وصفحات الانترنت التابعة له. فضلاً عن ان مدير الويب مخول في أقرار كيفية عرض المنظمة على الوب ويشمل ذلك عرض التسويق وأنشاء التصميم الفني للموقع. بما أن العديد من المظمات تستخدم الوب في عملية التجارة الالكترونية، فأن مدير الوب كذلك يجب أن يكون له خبرة في برامج المبيعات الالكترونية وبرامج الدفع الالكتروني وبرامج الحماية، ونظرا للنمو المستمر للوب فأنه يتوقع زيادة الطلب على وظيفة مدير الويب.
- رئيس الامن (chief security officer) أدى النمو الواسع للويب الى نمو أخر باتجاه الاختراقات لامنية النظام مما حدى بالمنظمات الى أيجاد وظيفة رئيس الحماية أو الامن وهو الشخص المسؤول عن حماية المنظمة من ناحية الادارة والاستراتيجية والبرامج. ورئيس الامن هو المسوؤل المباشر عن تطوير وتنفيذ وأدامة عمليات الحماية خلال المنظمة لتقليل المخاطر والاستجابة للحوادث والحد من التعرض للامسؤولية في جميع المجالات أضافة الى وضع معايير وضوابط للسيطرة على المخاطر وتنفيذ السياسات والاجراءات المتعلقة بأمن البيانات.
- رئيس المعلومات (chief information officer) تمثل هذه الوظيفة مسؤول مجموعة تكنولوجيا المعلومات ضمن المنظمة وأن الشخص الذي يشغل هذه الوظيفة يجب أن يحمل مهارات الفهم التقني لتكنولوجيا المعلومات الحالية والمتطورة ومهارات معرفية في الاعمال. أرتقت هذه الوظيفة بسرعة كبيرة بعد أن أحتلت تكنولوجيا المعلومات مكانا ذا أهمية أكبر في الاعمال. يعتبر رئيس المعلومات ضمن اللهيئة التنفيذية العليا في المنظمة وهذا يعتمد على نوع المنظمة، وتعكس هذه الوظيفة أهمية موقع المنظمة في أستراتيجيات نظم المعلومات. وتطلق بعض المنظمات على هذه الوظيفة مسمى رئيس التكنولوجيا (chief technology officer) وهي لاتختلف عن سابقتها.

Case study: Digitech Systems Software and services that deliver any document, anywhere, anytime.

Digitech Systems enables businesses in healthcare, financial services, retail, manufacturing, education, government and additional industries to reduce content management costs, enhance security and compliance and improve productivity and profitability. These case studies take an in-depth look at how businesses gain measurable results with **Digitech Systems** Enterprise Content Management (ECM) solutions. Some stories include a certified Return On Investment (ROI) analysis written by Nucleus Research.

Healthcare
The Health Insurance Portability and Accountability Act (HIPAA) was designed to encourage the adoption of secure, effective content management practices in the healthcare industry. Read these case studies to see how healthcare providers use **Digitech Systems** to simplify HIPAA compliance, unify records systems and provide secure access to information.

 Yuma District Hospital

For more information visit the site:
http://www.digitechsystems.com/pdfs/YumaHospital.pdf

 University of Illinois Medical Center

For more information visit the site:
http://www.digitechsystems.com/pdfs/ILMedicalCenter.pdf

Case study: Write at least two case studies to show the impact of using information systems in organizations.

Case Study: A Chally Case Study Global Imaging Systems

Dramatic Cost Savings from reduced employee turnover

EXECUTIVE SUMMARY

Global Imaging Systems (GIS) is on the Forbes List of the 400 Best Big Companies in America, and a World Class Sales Award Winner (2006). With more than $1 billion in annual revenue, Global Imaging Systems (GIS) is the most profitable provider of copiers, video conferencing, network integration, and other imaging solutions to middle-market companies.

Chally selection services used by GIS resulted in an amazing **1,378 percent ROI**, due to **$2.8 million in reduced turnover costs** and a **25% reduction in turnover**.

Chally assessment results are also used for training and coaching. "It gives you guidance on whether, for example, a person will need a push on cold calls," explains Geoff Harrington, Director of Benefits and Training at GIS. "This is very important." And Chally does a talent audit on existing staff, looking for reps who have the potential to be good sales supervisors, managers, or vice presidents. Harrington contrasts this approach with traditional methods of promoting successful reps to management, which can be a hit-or-miss strategy.

"I only wish we had it earlier. Chally is uncanny in its accuracy," said Cecil McClary, Senior Vice President - Human Resources.

Case Study: Find other International company that use information systems for **cost savings from reduced employee turnover.**

Case Study: Find other local company that use information systems for **cost savings from reduced employee turnover.**

Case Study: Find other Arabic company that use information systems for **cost savings from reduced employee turnover.**

Directions: *Answer each of the questions after reading the article above. Write in complete sentences. You must think and be creative with your answers.*

1. Define the traditional information systems.

2. Define the computerized information systems.

3. Blaise Pascal invented one of the first mechanical calculators, explain that.

4. Explain briefly the relation between IBM and business?

5. What are the three main dimensions of information systems?

6. What are the three main system functions in organization?

7. List the main types of management information systems.

8. Systems development requires four stages, what are these?

9. Explain briefly the phases of development Business Information Systems.

10. What is the future Management Information Systems?

11. What is the future expectation of Business Information Systems?

12. List the types of Information Systems in Business Functions.

13. List the four operations of information system.

14. Wireless communications are the future of business, explain that.

15. Mobility lead the future of organization, explain that.

16. Explain briefly the functions of human resources information systems?

17. Explain briefly the functions of marketing information systems?

18. What are the differences between system analyst and programmer?

19. What are the difference between chief information officer and chief technology officer?

20. Explain briefly the responsibilities of chief security officer?

Multiple choice questions

1. Blaise Pascal invented one of the first mechanical calculators at
    a)   1642
    b)   1624
    c)   1890
    d)   1980

2. Management information systems
    a)   do not have to be computerized.
    b)   must be computerized.
    c)   must be digital.
    d)   non of the above.

3. International Business Machines Corporation is a
    a)   multinational computer technology in new York, USA.
    b)   multinational computer technology in Washington, USA.
    c)   multinational computer technology in London, UK.
    d)   multinational computer technology in Bradford, UK.

4. An Information System (IS) is the system of
    a)   all of the below.
    b)   persons, data records and activities in a given organization.
    c)   persons, data records and activities in a given enterprise.
    d)   persons, data records and activities in a given company.

5. Management Information Systems (MIS), sometimes referred to as
    a)   Information Management and Systems.
    b)   Information Systems Management.
    c)   Information Management System.
    d)   non of the above.

6. Management Information Systems (MIS) is the discipline covering the application of
    a)   people, technologies, and procedures.
    b)   people, technologies, and systems.
    c)   people, technologies, and devices.
    d)   non of the above.

7. Management Information Systems (MIS) used to solve
   a) business problems.
   b) computer problems.
   c) software problems.
   d) non of the above.

8. Accounting management information systems
   a) provide accounting reports shared by all levels of accounting managers.
   b) provide accounting reports shared by all levels of systems managers.
   c) provide accounting reports shared by all levels of organization managers.
   d) non of the above.

9. Financial management information systems
   a) provides financial information to all financial managers.
   b) provides financial information to all systems managers.
   c) provides financial information to all organization managers.
   d) non of the above.

10. Manufacturing management information systems deals with
   a) operations have been impacted by great advances in technology.
   b) operations have been impacted by great advances in information.
   c) operations have been impacted by great advances in systems.
   d) non of the above.

11. Marketing management information system supports managerial activity in the area of
   a) all of the below.
   b) product development and distribution.
   c) pricing decisions and promotional effectiveness.
   d) sales forecasting.

12. Human resources management information systems are concerned with activities related to
   a) workers, managers, and other individuals employed by the organization.
   b) devices, systems, and other individuals by the organization.

c) departments, sections, and other individuals by the organization.

d) non of the above.

13. Planning is the first phase of systems development in which

   a) the systems team must investigate the initial problem.

   b) the systems team must implement the initial problem.

   c) the systems team must design the initial problem.

   d) non of the above.

14. Identify the requirement is the second phase of systems development that include

   a) all of the bellow.

   b) systems analysis and the user requirements

   c) necessary hardware and software

   d) a conceptional design for the system.

15. Involves the development of the systems is the third phase of systems development in that involves

   a) all of the bellow.

   b) developing technical support and technical specifications.

   c) reviewing users, procedures control and designing the system.

   d) testing the system, and providing user training for the system.

16. The implementation of the system is the fourth phase of systems development in which

   a) the new system is converted from the old system.

   b) the old system is converted from the new system.

   c) the new system is converted from the future system.

   d) non of the above.

17. A system analyst is involved in

   a) all of the bellow.

   b) designing new IS.

   c) updating existing IS.

   d) maintaining existing IS.

18. Database administrator is responsible for

   a) all of the bellow.

   b) database and data warehouse of an organization.

c) database and data warehouse of a company.

d) database and data warehouse of an enterprise.

19. Network administrator is responsible for

a) all of the bellow.

b) acquiring and implementing throughout the organization.

c) managing and maintaining throughout the organization.

d) troubleshooting networks throughout the organization.

20. Webmaster is responsible for

a) all of the bellow.

b) creating and maintaining the organization web site.

c) creating and maintaining the organization intranet pages.

d) creating and maintaining the organization extranet pages.

Chapter Two

نظم المعلومات الاستراتيجية

Strategic Information Systems (SIS)

<u>Learning Objectives</u>

1. Understanding the strategic moves.

2. Identify the strategies used to gain competitive advantage.

3. Understanding the strategic information systems

4. Understanding how to create SIS.

5. Identify the challenges of Strategic IS

6. Understanding the strategies of virtual company.

2.1 مقدمة Introduction

In business, a strategy is a plan designed to help an organization out perform its competitors. Cleaver use of Information technology can significantly change an organization's long term strategic position in national and global markets.

لم تكن العلاقة بين مهام نظم المعلومات وأستراتيجية الشركة ولفترة طويلة تمثل اهمية كبيرة لدى القيادة العليا للشركة. ولقد كان الاعتقاد السائد خلال مرحلة السبعينات هو أن نظم المعلومات تقوم بتجهيز البيانات والقيام ببعض الاعمال والفعاليات الروتينية اليومية. لكن الامر تغير في مابعد أي في مرحلة الثمانينات والتسعينات فأصبح هناك أدراك متزايد للحاجة الى جعل نظم المعلومات ذات أهمية إستراتيجية لاي منظمة، وبالتالي فأن تخطيط نظم المعلومات الأستراتيجي وتطويرها هي مسألة مهمة لدعم الخطط الأستراتيجية للمنظمة.

عندما نتكلم عن الادارة الاستراتيجية نعني بذلك مجموعة القرارات والنظم الادارية التي تحدد رؤية ورسالة المنظمة على المدى البعيد، وأن الأدارة الاستراتيجية للمنظمة تمثل تقنيات الادارة والقياسات والادوات ذات العلاقة والمصممة لمساعدة الشركات في أتخاذ القرارات الاستراتيجية. ولقد أصبحت الرؤيا الاستراتيجية ضرورة ملحة لكل منظمة لكي تحدد أفاقها المستقبلية على المدى البعيد وتحدد ثباتها وأستمراريتها، وخصوصا نحن نعيش اليوم في عالم الرقميات والتكنولوجيا فلابد من تطعيم الاستراتيجية بهذه التقنيات الحديثة لاضفاء قيمة عليا للمنظمة. وعندما نتكلم عن التكنولوجيا وشركاتها العملاقة فلابد أن تكون لها خطط وتنبؤات أستراتيجية لها قيمتها وتأتي هذه من أنظمة عملاقة خبيرة ذات معرفة عالية بكل التغيرات والتوجهات المستقبلية لكي تستطيع أن تضع الخطط اللازمة. لقد أصبح واضحا وجليا أن نجاح المنظمات الحديثة هو نجاحها في

وضع خطط إستراتيجية على مستوىً عالٍ من الكفاءة وهذا لايحصل الا بأستخدام كفاءات متخصصة ومعرفة وتقنيات وتكنولوجيا متطورة.

أصبحت اليوم تكنولوجيا المعلومات عاملا مهما وأستراتيجيا في ديمومة الشركة أو المؤسسة، لان شركة اليوم لم تعد كما كانت بالامس فتكنولوجيا المعلومات اليوم دخلت بل أخترقت كل الشركات على أختلاف هويتها وأختصاصها، ولكن هذه الهيمنة أصبحت عالمية وهي التي تحرك الاقتصاد والاعمال.

2.2 التحركات الاستراتيجية Strategic Moves

> Many strategies can not involve information systems, but increasingly corporations are able to implement certain strategies, such as maximizing sales and lowering costs, related to the innovation of information systems.

بالرغم من أن العديد من نظم المعلومات قد أُنشأت لحل المشاكلات، إلا أن نظماً أخرى قد أنشأت لتتبنى الفرص المستقبلية، ومن البديهي التعامل مع المشاكل القائمة أسهل بكثير من التعامل مع الفرص والتنبؤات المستقبلية، لان الفرص المستقبلية تحتاج الى خيال وأبداع ورؤيا لتحديدها والتمكن من التعامل معها. وتدعى نظم المعلومات التي تساعد في التمكن من الفرص بنظم المعلومات الاستراتيجية (strategic information systems-SISs) وهذه النظم بالامكان بنائها من الصفر أو بالامكان الاستعانة بنظم المعلومات الموجودة في المنظمة. هناك قسم من الاعمال لايمكن تكاملها مع نظم المعلومات ولكن بشكل متزايد فأن الشركات لها القابلية على تنفيذ بعض الاستراتيجيات كزيادة المبيعات وتخفيض الاسعار ضمن الاستخدامات المبدعة لنظم المعلومات، حيث أن المعلومات الأفضل تعطي للشركات فائدة تنافسية في السوق.

التطبيقات المستخدمة في معالجة البيانات (data processing) ونظم المعلومات الادارية (management information systems) ونظم المعلومات الاستراتيجية

(strategic information systems) يجب أن يخطط لها وتدار جميعها وفقا لمتطلبات الأعمال الحالية والاعمال المستقبلية. نظم المعلومات الاستراتيجية هي نظم المعلومات التي تتماشى مع أستراتيجية وهيكلية الاعمال، وهذا يزيد القدرة على سرعة الاستجابة للتغيرات البيئية وبالتالي فأنه يخلق ميزة تنافسية. التخطيط لنظم المعلومات الاستراتيجية ليس بالمهمة السهلة بسبب كون هذه العملية مدمجة أساسا مع عمليات الاعمال. هذه النظم يجب أن تلبي متطلبات المنظمة الاستراتيجية وزيادة قوتها كالبحث عن الاعمال التي تخدم الاهداف وخلق الميزة التنافسية والتوفيق بين معالجة البيانات ومتطلبات نظم المعلومات الادارية.

منافسة الاعمال تكون نوعا ما محدودة في أقطار أو أماكن معينة، ولزيادة المبيعات فأن الشركات تطمح أن يكون العالم بأسره هو سوقها، وبسبب كون الويب هي وسطاً متاحاً للجميع ولكل أرجاء العالم، لذا فأن زيادة الاعمال عن طريق الوب أصبح أستراتيجية، حيث أن كثير من الشركات التي أستخدمت الوب مبكرا تمتعت بأكبر حصيلة من السوق، وأصبحت ذات خبرة أكبر نتيجة كون الوب بمثابة رجل أعمال مساعد لها، أضافة الى أنها حققت أيرادات أكبر من المتخلفين عنها.

2.3 الميزة التنافسية — The Competitive Advantage

A firm possesses a **Sustainable Competitive Advantage** (SCA) when it has value-creating processes and positions that cannot be duplicated or imitated by other firms that lead to the production of above normal rents.

الميزات التنافسيه تختلف من شركة الى شركة، ومن حالة الى اخرى ومن وقت الى آخر وتختلف بأختلاف البيئة. يمكن عمل تقسيم عام للميزات التنافسيه كما موضحة في الشكل (2.1) وهي أربع مجالات رئيسة :

- الكلفه : عمليات منخفضة الكلفه
- الجوده : جودة عالية

- الوقت : سرعة التسليم ، التسليم في نفس الوقت ، وسرعة التنمية
- المرونة : التخصيص ، حجم المرونة ، والتنوع

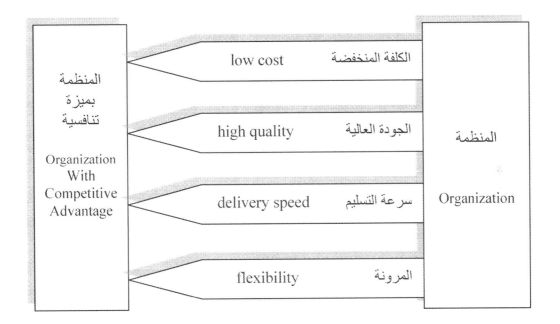

شكل (2.1) التقسيم العام للميزات التنافسية

الميزة التنافسية في منظور الشركات الربحية والتي هدفها الاكبر هو زيادة الارباح بخفض التكاليف وزيادة الدخل، حيث أن هذه الشركات تحقق الميزة التنافسية عندما تزداد ارباحها بشكل ملحوظ. هناك عدد من الاستراتيجيات الاساسية الموضحة في الشكل (2.2) التي يمكن أستخدامها للحصول على الميزة التنافسية وهي:

1. خفض التكاليف (reduce costs) حيث أن الزبائن يفضلون دفع القليل مقابل الحصول على المنتج أو الخدمة المطلوبة. والطريقة الوحيدة لزيادة مشاركة السوق هي بتخفيض الاسعار، وأن أفضل طريقة لذلك هو بتقليل التكاليف. فلو تم الوصول الى أتمتة ناجحة وقوية لعمليات العمل فأن ذلك يعطي المنظمة ميزة تنافسية، والسبب هو

أن المنظمة تصبح أكثر أنتاجية وأن أي توفير في الكلفة سيتحول الى المستهلك من خلال تخفيض الاسعار.

2. رفع الحواجز أمام دخول السوق (raise barriers to market entrants) حيث أنه كلما قلت عدد الشركات المتنافسة، كلما كان ذلك أفضل لكل شركة، لذا فالمنظمة ربما تحصل على ميزة تنافسية بشكل صعب أو مستحيل ولمنظمات أخرى فأن ذلك يكون سهل بزيادة الانتاج أو أنتاج سلع جديدة. وباستخدام الخبرة والتكنولوجيا الغير متوفرة للمنافسين أو أستخدام الكلفة الباهضة هي طريقة للدخول الجديد للمنافسة.

3. أقامة تكاليف تحويل عالية (establish high switching costs) حيث أن تكاليف التحويل تكون عالية عندما يتوقف الزبون عن شراء منتوج أو خدمة من شركة معينة والاتجاه نحو شركة أخرى. تكاليف التحويل أما أن تكون واضحة (explicit) وهي أضافة رسوم البيع على العميل أو تكون ضمنية (implicit) وهي التكاليف غير المباشرة في الوقت والمال المخصصة للمنتج الجديد.

4. خلق منتجات أو خدمات جديدة (cerate new products or services) من الواضح أن أنشاء منتج أو خدمة جديدة فريدة والتي هي متطلب للعديد من المنظمات والاشخاص من شأنها أن تعطي ميزة تنافسية. وأن هذه الميزة ستفقد عندما تبدأ منظمات أخرى تقديم منتج أو خدمة مشابهة للمقارنة أو بسعر أقل.

5. تميز المنتجات أو الخدمات (differentiate products or services) حيث أن الشركة بمقدورها الاحتفاظ بميزة تنافسية من خلال أقناع المستهلكين بأن منتجهم أو خدمتهم هي أفضل من المنافسين، وأن هذه الميزة تأتي عادة من خلال الاعلان، وأن العلامة التجارية خير مثال على ذلك.

6. إثراء المنتجات أو الخدمات (enhance products or services) حيث أن المنظمة تعمل أضافة فعلية للمنتج أو الخدمة لزيادة قيمتها عند الزبون، وأن زيادة فترة ضمان المنتج مثال مباشر على زيادة قيمتها عند الزبون.

7. أقامة تحالفات (establish alliances) حيث أن الشركات بمقدورها الحصول على ميزة تنافسية من خلال دمج خدمات لجعلها أكثر جاذبية وبالتالي أقل سعرا من الخدمات المنفصلة. أن التحالفات توجه لجذب أنتباه الزبون، حيث يكون أقل سعرا وأكثر ملائمة.

8. الاغلاق على الموردين والمشترين (lock in suppliers or buyers) حيث أن المنظمات بأمكانها أن تحصل على ميزة تنافسية أذا كانت لها القدرة والقوة الكافية للأقفال أما على الموردين بأسلوب عملهم أو على المشترين لمنتجاتهم.

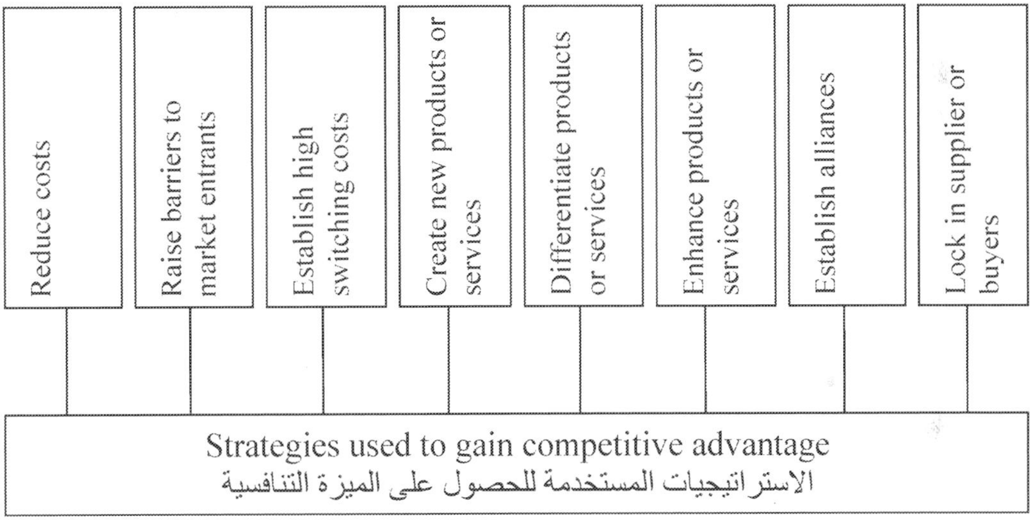

| Reduce costs | Raise barriers to market entrants | Establish high switching costs | Create new products or services | Differentiate products or services | Enhance products or services | Establish alliances | Lock in supplier or buyers |

Strategies used to gain competitive advantage
الاستراتيجيات المستخدمة للحصول على الميزة التنافسية

شكل (2.2) الاستراتيجيات المستخدمة للحصول على الميزة التنافسية

2.4 نظم المعلومات الاستراتيجية Strategic Information Systems

> **Strategic Enterprise Management (SEM)** refers to the management techniques, metrics and related tools (such as computer software) designed to assist companies in making high-level (strategic) decisions. A business using SEM would incorporate a **strategic information system**, to manage information and assist in strategic decision making.

هنالك فرص كبيرة لتحقيق المنافسة بأستخدام تكنولوجيا المعلومات وخصوصا في القطاع الصناعي، فهناك كثير من الشركات التي لازالت تستخدم التقنيات والبرامجيات التقليدية والقديمة، ولهذا فأن هذه الشركات لازال الباب أمامها مفتوحا لدخول المنافسة على أوجها بالتكييف مع هذه التكنولوجيا.

الادارة الاستراتيجية للمؤسسات تمثل تقنيات الادارة والمقاييس والادوات ذات العلاقة كالبرامج الحاسوبية مثلا المصممة لمساعدة الشركات في صنع القرارات الاسترتيجية، حيث أن الاعمال بأستخدام الادارة الاستراتيجية للمؤسسة سوف تتضمن نظام معلومات أستراتيجي في أدارة المعلومات والمساعدة في أتخاذ القرارات الاستراتيجية.

نظام المعلومات الاستراتيجي هو نوع من نظم المعلومات الذي يتماشى مع أستراتيجية الاعمال وهيكليتها، حيث أن هذه المزاوجة تزيد من القدرة على الاستجابة السريعة للتغيرات البيئية وبالتالي تخلق ميزة تنافسية. وتختلف نظم المعلومات الاستراتيجية عن غيرها من نظم المعلومات في أنها:

- تغير الطريقة التي تتنافس بها الشركة.
- تتميز بالتطلع الخارجي.
- مرتبطة مع المخاطر الكبيرة للمشروع.
- تكون مبتكرة وليس من السهل نسخها.

ولكي تحقق نظم المعلومات الاستراتيجية أهدافها فأنها تجمع بين نوعين من الافكار، أما النوع الاول فيتمثل في أتخاذ قرارات أعمال عالية الربحية، وأما النوع الثاني فيتمثل في تسخير تكنولوجيا المعلومات لتنفيذ القرارات، حيث أن الدمج بين هذه الافكار معا يولد دعماً وقوةً هائلةً للمؤسسة، أضافة الى أن متابعة التطور التكنولوجي المستمر يحقق قيمة حقيقة في سوق العمل.

ان أي نظام معلومات لكي يكون نظاماً أستراتيجياً للمعلومات يجب أن يتوفر به شرطان هما، أولا يجب أن يكون نظام المعلومات في خدمة الهدف التنظيمى وليس مجرد تزويد المعلومات، وثانيا فأن وحدة نظام المعلومات في المنظمة يجب أن تعمل مع مديري الوحدات الوظيفية الاخرى لمتابعة الهدف التنظيمى.

2.5 أنشاء نظم المعلومات الاستراتيجية   Creating Strategic Information Systems

Information technology can be used to implement a variety of competitive strategies. These include the five basic competitive strategies (differentiation, cost, innovation, growth, alliance), as well as other ways that companies can use information systems strategically to gain a competitive edge.

إن وجود نظم المعلومات تتيح للشركة تطوير قاعدة المعلومات الاستراتيجية والتي بأمكانها تزويد المعلومات لـدعم الاستراتيجيات التنافسية للشركة. وتعتبر قاعدة البيانات للشركة مصدراً أستراتيجياً وتستخدم لـدعم الخطـة الاستراتيجية والتسـويق والفعاليـات والمبادرات الاستراتيجية الاخرى. وتستخدم هذه المصـادر في الشركة في المجـالات الموضحة في الشكل (2.3) وهي كما يلي:

- التخطيط الاستراتيجي.

- الحملات التسويقية.

- نصب الحواجز في وجه دخول المنافسين.

- أيجاد طرق أفضل للأستحواذ على العملاء والموردين.

يمكن استخدام تكنولوجيا المعلومات لتنفيذ مجموعة متنوعة من الاستراتيجيات التنافسيه وتشمل هذه الاستراتيجيات التنافسيه: التمايز ، والكلفه ، والابتكار ، والنمو ، والتحالف، فضلا عن غيرها من الطرق التي يمكن للشركات استخدام نظم المعلومات استراتيجيا لكسب ميزة تنافسية. ولإنشاء نظم المعلومات الاستراتيجية، فأن الادارة العليا يجب أن تشارك منذ البداية من خلال التطوير والتنفيذ، أي أن نظام المعلومات الاستراتيجي يجب أن يكون جزءاً من الخطة الاستراتيجية التنظيمية الشاملة. ولانجاح هكذا مشروع يجب تحشيد وتعاون كافة الجهود بما في ذلك المديرون الذين يستخدمون النظام. هناك مجموعة من الاسئلة والاستفسارات تُسأل من قبل الادارة للتأكد من أنه لابد من تطوير نظام معلومات أستراتيجي جديد وهذه الاسئلة كما يلي:

- ما هي أفضل طريقة للحصول على ميزة؟
- هل الزيادة في المعلومات المتاحة للموظفين والزبائن والمجهزين في خلق ميزة هامة؟
- هل بالامكان تطوير أي نظام معلومات الذي يزود بأكثر المعلومات المتاحة؟
- هل جهود التطوير مبررة أقتصاديا؟
- ماهي المخاطر من عدم تطوير هكذا نظام؟
- هل الوسيلة البديلة تعني تحقيق نفس الاهداف المتاحة؟
- كيف يمكن مقارنة ذلك مع محاسن ومساوئ النظام الجديد؟

Areas of Using Strategic Resources مجالات أستخدام المصادر الاستراتيجية
التخطيط الاستراتيجي
Strategic planning
الحملات التسويقية
Marketing campaigns
نصب الحواجز للمنافسين
Erecting barriers
أيجاد طرق أفضل للأستحواذ على العملاء والموردين
Finding better ways to lock in customers and suppliers

شكل (2.3) مجالات أستخدام المصادر الاستراتيجية

2.6 التحديات التي تواجه نظم المعلومات الاستراتيجية Challenges of Strategic IS

> Successful strategic information systems are not easy to develop and implement. They may require major changes in the way a business operates, and in their relationships with customers, suppliers, competitors, internal and external stakeholders, and others.

يمكن أن تساعد وظيفة نظم المعلومات المديرون على تطوير طرق تنافسية بأستخدام تكنولوجيا المعلومات لتنفيذ مجموعة متنوعة من الاستراتيجيات التنافسية لمواجهة تحديات القوى التنافسية التي تواجه أي منظمة. نظم المعلومات الاستراتيجية ليست سهلة التطوير والتنفيذ، وهي قد تحتاج الى تغيرات كبيرة في الاعمال وفي علاقتها مع العملاء والموردين والمنافسين وأصحاب المصالح الداخلية والخارجية وغيرهم.

إن نظم المعلومات الاستراتيجية كبقية النظم تحتاج الى دراسة متكاملة قبل البدء بالتنفيذ، أضافة الى خصوصية هذه النظم في أنها تتعامل مع خطط طويلة الامد وأن المعلومات في هذا المجال يجب أن تكون في غاية الدقة والسرية. هناك مجموعة من المشاكل يمكن أن تظهر خلال مراحل بناء وتنفيذ نظم المعلومات الاستراتيجية وتشمل كيفية تكامل وموائمة وتكيف النظام ضمن المنظمة وكيفية تحقيق الاهداف التي أنشاء من أجلها النظام أضافة الى تسخير التكنولوجيا لضمان وسلامة المعلومات ومن ثم تحديد الاماكن التي تحتاج الى تطبيق النظام. أما التحديات التي تواجه نظم المعلومات الاستراتيجية فمن الممكن أن نجملها في عدة نقاط وهي:

- التركيز على قدرة اي منظمة في اكمال تحقيق إمكانات قوية لتكنولوجيا المعلومات.
- الاستثمار في تكنولوجيا المعلومات بمبالغ اكثر من نصف رأس المال السنوي يعتبر من النفقات الكبيرة لمعظم الشركات.
- الاستثمار في التكنولوجيا الصحيحة أمر حاسم لدعم استراتيجية المنظمات.

- التقدم التكنولوجي قد زاد بسرعة اكبر من قدرة المنظمات على تطبيق واستخدام هذه التكنولوجيا.

- العديد من المنظمات بحاجة الى اعادة هيكلتها للحفاظ على قدرتها التنافسيه.

2.7 أستراتيجيات الشركة الافتراضية — Virtual Company Strategies

> Virtual companies have existed for more than a decade. The Internet can further enable virtual companies and will substantially increase their number. Virtual companies can also exist within a larger company and are often aggressive, entrepreneurial entities.

لقد بدأت الشركات الافتراضية منذ عقد من الزمان أي مع النمو الواسع لانتشار الانترنت، حيث أن الانترنت ساعدت على أثبات وجود هذه الشركات وأتساع أستخدامها والتعامل معها. ويعتمد نمو الشركات الافتراضية بالدرجة الاولى على مبدأ الثقة في التعامل لانها تتعامل مع العالم الرقمي وأن بناء الثقة معها ليس بالعملية السهلة بل تحتاج الى توعية وصبر، ورغم ذلك فأن كثير من هذه الشركات أثبتت نجاحها ووجودها في السوق اليوم.

غيرت الانترنت الى الابد شكل الاعمال، إذ حولت العلاقة بين الشركات وعملائها وشركاء الاعمال، وأن عالم الاعمال مطالب الآن بايجاد سبل مبتكرة للعمل بشكل اسرع واكثر ذكاء. الشركة الافتراضية تكون حدة المنافسة فيها كبيرة وواسعة وتشمل العالم بأسره، لذلك لابد لها أن تقف على قاعدة صلدة لكي تواجة المخاطر والتحديات. وتشمل الشركة الافتراضية مجموعة من النماذج والافكار الاساسية كما موضحة في الشكل (2.4) وهي:

- الاستعانة بمصادر خارجية غير الكفاءات الاساسية.

- التركيز على جوهر وقوة الاعمال.

- قلة أو أنعدام الوجود المادي أو البنية التحتية.

- الاعتماد على شبكة من تحالفات الاعمال.
- أستغلال رأس المال الفكري.
- الاعتماد الكبير على الاتصالات السلكية واللاسلكية.

قد تستعين الشركات الافتراضية بمصادر خارجية لتنفيذ العمليات المادية والاعمال التقليدية والتوسع في الانشطة الفكرية مثل حل المشكلات مع عمليات الاعمال المعيارية كالتسويق.

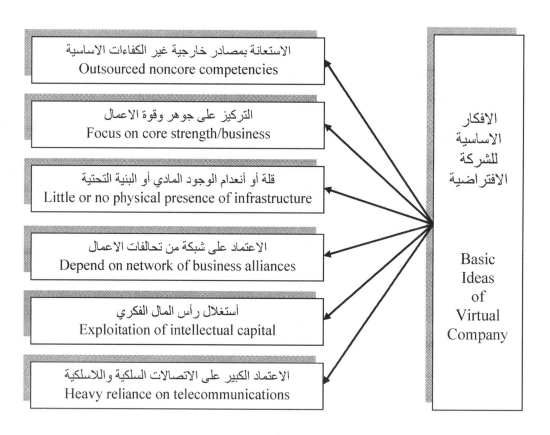

شكل (2.4) الافكار الاساسية للشركة الافتراضية

Case Study

LANSA
ADVANCED SOFTWARE MADE SIMPLE

Strategic
Business Systems

Strategic partnership based on mutual strengths lets LANSA partner thrive in niche market

Strategic Business Systems, a LANSA Business Partner in New Jersey, has been providing information systems solutions to the motor vehicle industry for over 15 years. Strategic customers include KTM Sport Motorcycles, BMW, Saab, Ducati, Land Rover, Hummer, Hino, KIA and many more prestigious names in the automotive, truck and motorcycle industries.

Strategic has recently extended its RPG based Dealer Communication System (DCS) to the Internet with LANSA for the Web. Over 260 KTM Sport Motorcycles dealers can now place orders for motorcycle parts and search the system for pricing information and inventory availability with a browser. Building on this success, Strategic is now planning to redevelop its core Motor Vehicle Systems modules with LANSA. LANSA's multilingual facilities and cross-platform capabilities will help Strategic to expand its share in the motor vehicle industry into international markets.

Case Study: find a similar global case applying strategic information systems in business operations.

Case Study: find a similar local case applying strategic information systems in business operations.

Case Study

KZERO

Virtual retailing case study now available for pre-order

The latest K Zero case study, Retailing in Virtual Worlds is now available for pre-order.

Featuring a wide range of companies and virtual worlds, the case study is ideal for marketers wishing to better understand the opportunities and attributes of selling products on a virtual basis.

Long before brands entered virtual worlds such as Second Life a strong economy existed for the supply of virtual goods and services.

Now, with real world brands looking closely into virtual worlds and the benefits of positioning their products and services into affluent early adopters, a new marketing channel is emerging - virtual retailing.

The virtual retailing case study examines and explains the strategic options available to marketers in virtual worlds with examples of real world brands who have already moved in as well as lessons learned from the thousands of residents that successfully promote and sell virtual goods in-world.

Case Study: choose Globale Company using virtual activities; list the advantages and disadvantages of this case.

Case Study: choose Local Company using virtual activities; list the advantages and disadvantages of this case.

Directions: *Answer each of the questions after reading the article above. Write in complete sentences. You must think and be creative with your answers.*

1. Define the relation between business, strategy and competitors.
2. Define the relation between Information technology and long term strategic position of an organization.
3. What are the main strategies if information systems? Explain that.
4. Explain briefly the opportunities of strategic information systems.
5. Explain briefly the challenges of strategic information systems.
6. Explain briefly the meaning of strategic moves.
7. List some applications of long term plan.
8. Give a brief defination of a sustainable competitive advantage.
9. What are the main categories of competitive advantage?
10. List the main strategies to reah a competitive advantage of an organization.
11. What are the differences between Strategic Enterprise Management and strategic information systems?
12. What are the differences between strategic information systems and other information systems?
13. What are the effects if information technology on creating strategic information systems?
14. Creating a strategic information system is not a simple job. Explain that.
15. List the quations that the top level management must asked to start a new strategic information systems.
16. What are the main challenges face strategic information systems?
17. What are the needs of successful strategic information systems?
18. Explain briefly the relationships with customers, suppliers, competitors that deal with successful strategic information systems.
19. The Internet can further enable virtual companies and will substantially increase their number. Explain that.
20. What are the main ideas of virtual company strategies?

Multiple choice questions

1. In business, a strategy is a plan designed to
   a) help an organization out perform its competitors.
   b) help an organization out perform its goals.
   c) help an organization out perform its plans.
   d) all of the above.

2. Cleaver use of IT can significantly change an organization's long term strategic position in
   a) national and global markets.
   b) national market.
   c) global market.
   d) non of the above.

3. Implement certain strategies, can maximizing sales and lowering costs that,
   a) can not involve information systems.
   b) may involve information systems.
   c) must involve information systems.
   d) non of the above.

4. The following systems must be planned and managed according to current and future needs,
   a) all of the below.
   b) data processing.
   c) management information systems.
   d) strategic information systems.

5. Strategic information systems must be planned according to
   a) current needs.
   b) future needs.
   c) current and future needs.
   d) non of the above.

6. Sustainable competitive advantage occurs when it has
   a) value-creating processes and positions that cannot be duplicated.

b) value-creating processes.

c) positions that cannot be duplicated.

d) non of the above.

7. The four main areas of competitive advantage are:

   a) cost, quality, time, and flexibility.

   b) cost, quality, time, and reliability.

   c) cost, quality, time, and ability.

   d) non of the above.

8. The following are main strategies used to reach competitive advantage:

   a) all of the below.

   b) reduce costs.

   c) raise barriers to market entrants.

   d) establish high switching costs.

8. The following are main strategies used to reach competitive advantage:

   a) all of the below.

   b) create new products or services.

   c) differentiate products or services.

   d) enhance products or services.

9. Establish alliances means that companies,

   a) make emerging their services to be more attractive and less cost.

   b) make emerging their services to be more cost and less attractive.

   c) make emerging their services to be more cost and more attractive.

   d) make emerging their services to be less cost and less attractive.

10. Organization can reach competitive advantage,

    a) if they have enough power to lock in suppliers or buyers.

    b) if they have enough money to lock in suppliers or buyers.

    c) if they have enough technology to lock in suppliers or buyers.

    d) if they have enough employees to lock in suppliers or buyers.

11. Strategic enterprise management refers to the management techniques,

    a) designed to assist companies in making high level decisions.

    b) designed to assist companies in making low level decisions.

c) designed to assist companies in making mid level decisions.

d) all of the above.

12. A business using SEM would incorporate a strategic information system,

    a) to manage information and assist in strategic decision making.

    b) to manage information and assist in technological decision making.

    c) to manage information and assist in technical decision making.

    d) to manage information and assist in team work decision making.

13. Information technology can be used to implement,

    a) all of the bellow.

    b) a variety of competitive strategies.

    c) a variety of competitive advantages.

    d) a variety of competitive technologies.

14. The five basic competitive strategies are:

    a) differentiation, cost, innovation, growth, and alliance.

    b) differentiation, cost, innovation, growth, and IT.

    c) differentiation, cost, innovation, growth, and IS.

    d) all of the above.

15. Successful strategic information systems,

    a) are not easy to develop and implement.

    b) are easy to develop and implement.

    c) are easy to design and build.

    d) non of the above.

16. Successful strategic information systems may require

    a) major changes in the way a business operates.

    b) major changes in the way a business implements.

    c) major changes in the way a business develops.

    d) major changes in the way a business designs.

17. Virtual companies have existed,

    a) for more than a decade.

    b) for more than a year.

c) for more than a month.

d) non of the above.

18. The Internet can further enable virtual companies

   a) and will substantially increase their number.

   b) and will substantially decrease their number.

   c) and will substantially resize their number.

   d) non of the above.

19. The following are basic ideas of virtual company:

   a) all of the below.

   b) outsourced noncore competencies.

   c) focus on core strength/business.

   d) little or no physical presence of infrastructure.

20. The following are basic ideas of virtual company:

   a) all of the below.

   b) depend on network of business alliances.

   c) exploitation of intellectual capital.

   d) heavy reliance on telecommunications.

Chapter Three

تكنولوجيا المعلومات

Information Technology (IT)

Learning Objectives

1. Identify the core components of IT.

2. Understanding of IT trends.

3. Identify the IS and IT.

4. Understanding information system infrastructure.

5. Understanding information technology infrastructure.

3.1 مقدمة Introduction

One of the first and largest applications of computers is keeping and managing business and financial records. Most large companies keep the employment records of all their workers in large databases that are managed by computer programs. Similar programs and databases are used in such business functions as billing customers; tracking payments received and payments to be made; and tracking supplies needed and items produced, stored, shipped, and sold. In fact, practically all the information companies need to do business involves the use of computers and information technology.

لقد رافق التطور الحضاري عبر العصور تقدم علمي وتكنولوجي، حيث بدأ الانسان منذ القديم بالتفكير في كيفية ترتيب أعماله وأدارتها بالطرق التي تضمن له الاستغلال الامثل للجهد والوقت ومع ظهور الماكنات المحوسبة التي كان لها دوراً كبيراً في تسيير الاعمال، وشيئا فشيئا الى أن ظهر الحاسوب المبرمج محدثاً طفرة كبيرة في كل مناحي الحياة العلمية والتكنولوجية والادارية حيث بدأت هذه النهضة تقود الاستثمار الى عالم التكنولوجيا.

ظهر مصطلح تكنولوجيا المعلومات Information Technology (IT) في بداية السبعينيات مع ظهور الحواسيب الالكترونية على نطاق تجاري وأن مفهوم تكنولوجيا المعلومات يعني كافة الامور التي تتضمن الحواسيب والاجهزة المساعدة لها وشبكات الحواسيب بأنواعها المختلفة ومعالجة البيانات والمعلومات بكافة أشكالها وكافة المراكز والوظائف المتعلقة بالتكنولوجيا وخدمات التكنولوجيا في الانظمة والمؤسسات أضافة الى البرامج والحزم البرمجية التي تستخدم في أداء الاعمال والوظائف وتسويق المنتجات والخدمات وكل مايتعلق في ذلك من برامج وأجهزة ومعدات.

أدى أنتشار الحواسيب والبرمجيات المتنوعة وأمتـداد الانترنـت وشـبكات الاتصـالات الواسع لتغطي معظم أرجاء العالم والارتباط الكبير لهذه التقنيات بتكنولوجيا المعلومـات، الى تدعيم وتقوية الاواصر بينهم ودخولهم سوق الاستثمار العالمي بقوة وموثوقية. وما من شركة أو مؤسسة مهما كان حجمهـا أن تسـتغني عـن أسـتخدام تكنولوجيا المعلومـات في عملهـا الداخلي أو الخارجي وفي تسخير أمكانيـات الاتصـالات خدمـة للشـركة أو المؤسسـة. أمـا مـن ناحية الاستثمار في هذا المجال فأنه قد فاق كل المجالات الاخرى مجتمعة والاحصائيات عـلى ذلك كثيرة.

ومنذ ذلك الحين بدأ الاهتمام بهذا الموضوع والتخصص بشكل كبير حيث بدأ يُـدرس في كثير من الجامعات ثم تحول هذا التخصص الى قسم مستقل بحد ذاتـه ودخلـت ضـمن مفرداته كثير من المواد الدراسية الى أن توسع وأنتشر بشكل كبير واصبح الاقبـال عليـه كبير جدا فأنشأت كليات ومعاهد متخصصة بتكنولوجيا المعلومات وتتفرع منهـا مجموعـة مـن الاقسام المختلفة كعلم الحاسوب وهندسة البرمجيات ونظم المعلومـات والـذكاء الاصطناعي وشبكات الحاسوب وغيرها من الاقسام والتخصصات العلمية.

3.2 البيانات وأشكالها   Data and their forms

Ackoff indicates that the first four categories (data, information, knowledge and understanding) relate to the past; they deal with what has been or what is known. Only the fifth category, wisdom, deals with the future because it incorporates vision and design. With wisdom, people can create the future rather than just grasp the present and past. But achieving wisdom isn't easy; people must move successively through the other categories.

قبل أن ندخل بتفاصيل تكنولوجيا المعلومـات لابـد أن نوضـح بعـض المفاهيم العامـة للبيانات والهيئات التي تكون فيها ومدى الاستفادة منها حيث أن البيانات بمستوياتها

المختلفة لها أهمية كبيرة في عالمنا اليوم بل أنها تعتبر ثروة بل رأسمال كبير لكثير من الشركات وسوف نتعرض الى مفاهيم البيانات بمستوياتها المختلفة كما موضحة في الشكل (3.1) وهـي كما يلي:

1. البيانات (data) وهي القيم والرموز للبيانات الخام أو الغير معالجة وهي بحد ذاتها تكون عديمة الفائدة أو غير ذات قيمة.

2. المعلومات (information) وهي البيانات التي تمت معالجتها وأصبحت مفهومـة وذات فائدة وكما هو عليه في قواعد البيانات.

3. المعرفة (knowledge) وهي الجمع الملائم للمعلومات لتكون مفيـدة فمـثلا التلاميـذ قـد درسوا جدول ضرب الاعداد ولديهم معلومات عنه أي لديهم معرفـة بـذلك وكـذلك فـأن شركة معينة أزدادت لديها المعلومات بأختصاص معين لذا فأصبحت لـديها معرفة بهـذا الاختصاص.

4. الفهم (understanding) هي نوع من المعرفية التحليلية وهي العملية التي تستطيع أن تتناول المعرفة وتولد معها معارف جديدة من المعرفة السابقة.

5. الحكمـة (wisdom) وهـي أسـتقرائية وغـير أحتماليـة وغـير قطعيـة وهـي تـدعو جميـع المستويات السابقة للوعي ولكن الذي يملك الحكمة هو الانسان وليس الحاسوب ولكنـه يمكنه ذلك من خلال البرامج الخبيرة والذكية.

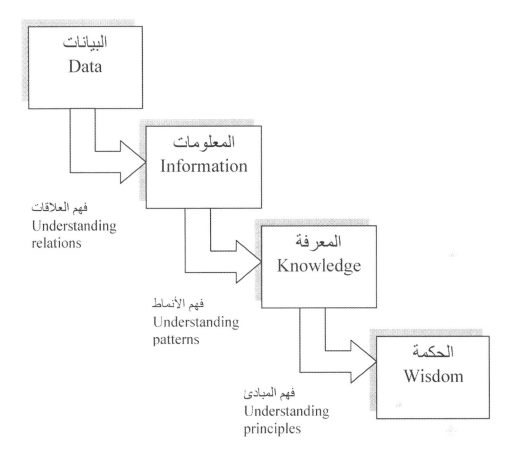

شكل (3.1) مستويات البيانات

3.3 أتجاهات تكنولوجيا المعلومات Information Technology Trends

In the last decade, the **Internet has revolutionized** the way information and services are stored and moved. People can now shop online at a store anywhere on the planet, they expect overnight delivery, and they expect it to be free.

هناك مبدأ أنساني أساسي هو الذي يقود التغيير من أي نوع كان من أجل أنجاز أحتياجاتنا، فالانسان مثلا يحتاج الى مكان يلجأ اليه وغذاء وأمان وأستجمام وأشياء أخرى وأذا تحققت هذه الحاجات فأنه يبدو لاحاجة للتغيير وأن الرغبة لتلبية حاجاتنا الخاصة يبدو أنها فطرية وهي التي تقود أعمالنا طوال اليوم. البريد الالكتروني والارسال الفوري للرسائل والهواتف الخلوية وأجهزة الفاكس وأنظمة قواعد البيانات والاجهزة الشخصية الرقمية جميع هذه المواد أصبحت ضرورية للكثير من الناس وتعتبر من متطلبات وأحتياجيات العصر الجديد. الفعاليات الالكترونية بضمنها الحكومة الالكترونية والاعمال الالكترونية والتجارة الالكترونية والأسواق الالكترونية والتعلم الالكتروني وغيرها من الفعاليات سوف تقود التجارة والاعمال. ومن الاتجاهات المستقبلية والرئيسية لهذه التكنولوجيا هي:

1. النمو والتوسع للانترنت والبنية التحتية للويب وأيجاد تطبيقات جديدة لها في المنظمات والمؤسسات.
2. التركيز الاساسي للمستخدمين سيكون على الخدمات والمعلومات وفهم المنظمة وقدرتها على أنتاج وتسليم الخدمة وفي نفس الوقت التركيز على الحاجة الى الامن وسرية الوصول للمعلومات.
3. الحواسيب والاجهزة النقالة ستزداد بشكل كبير جدا وستضيف مواصفات منها المرونة في العمل وأستخدام تقنيات حديثة ومتطورة.

4. الحواسيب والشبكات في تطور مستمر وأزيادة مستمرة في قدراتها وأن كلف مصادر الحواسيب ستستمر في النزول بينما كلف الموارد البشرية ستستمر في الزيادة.
5. التغير من أنظمة الخادم/ زبون الى بيئة شبكة الحكومة الالكترونية التي تسمح للحكومات أن تكون غير تفاعلية ومدركة للخدمة والتركيز على الزبون بدلا من التركيز على التكنولوجيا.
6. سيستمر عرضُ حزمة الشبكات في الزيادة ومما يجعل الخدمات المعتمدة على الانترنت والمعلومات في كميات كبيرة وسرعات عالية.
7. القابليات العالية لجمع البيانات العلمية وذات الفائدة في الدراسات والبحث والتطوير.
8. التقدم الكبير في الاتصالات اللاسلكية الرقمية بضمنها شبكات الحواسيب والاتصالات الخلوية وأتصالات الاقمار الأصطناعية.
9. زيادة سرعة نقل وتبادل المعلومات لتكون قادرة على نقل الاشارات الفويوية أضافة الى الصوت والصورة والنص أي العمل بالوسائط المتعددة.
10. التقنيات الحديثة زادت من قابلية العمل المشترك عبر الوسائط المتوفرة وتقنيات السيطرة عن بعد.
11. زيادة قابلية التعامل مع معالجة اللغات الطبيعية بأستخدام الخوارزميات الذكية.
12. الزيادة الكبيرة في أستخدام الشبكات الداخلية كالانترانت لربط أجراء ومواقع المؤسسات الخاصة مع بعضها.

3.4 العالم الالكتروني E-World

E-world means convert most of the activities of the world into electronic or digital activities that known as E-activities which includes E-Learning, E-Communities, E-Commerce, E-Business, E-Management, E-Marketing, E-Tourism, E-Governance, E-Health, and Tele-Working.

في بداية التسعينات وبأنتشار الانترنت على نطاق واسع وظهور تقنيات حديثة ورقمية للأتصالات بدأ العالم بشكل أو بأخر يتحول الى العالم الرقمي فالبيانات والمعلومات الرقمية موجودة في الشركات والمؤسسات والمنظمات وكذلك موجودة على الويب ويتم تبادل البيانات والمعلومات والتعامل معها والدخول اليها ومعالجتها من أي مكان بمجرد أن تتوفر أمكانية الدخول الى الانترنت أو أن المؤسسة متصلة أصلا بالانترنت. عصر التكنولوجيا وعصر المعلومات وعصر الاتصالات وعصر تقنية المعلومات العالية وعصر التقنيات فائقة السرعة كلها تسميات تنطبق على هذا العصر أضافة الى ذلك فأن العالم الرقمي قرب الاطراف المتباعدة بالمسافات حيث أصبح العالم عبارة عن قرية صغيرة فيها المعلومات الرقمية متاحة للجميع فالانسان أينما كان وأينما وجد وفي أي وقت كان بأمكانه متابعة أعماله من جهة وبأمكانه الحصول على المعلومات المطلوبة بمجرد دخوله على الانترنت. أضافة الى الانترنت فلاننسى دور الاتصالات الرقمية التي يسجل لها دور كبير في تطور الانترنت ولاننسى دور الاتصالات الخلوية والاجيال الحديثة منها التي بالامكان الدخول عن طريقها الى الانترنت والحصول على المعلومات المطلوبة وبشكل سريع. ان المعلومات لم تعد فقط مادة البحث والتعليم والتدريب والتاهيل، واستراتيجات القيادة والادارة ، والمنافسة في الانتاج ، وخطط التسويق والاعلان وتقديم الخدمات ، بل اصبحت الانترنت في ايامنا هذه مخازن لكم هائل من المعلومات والوثائق الرسمية وغير الرسمية، وبيئة لملايين المواقع الخدمية والتجارية الربحية وغير الربحية. الانترنت اليوم غزت العالم ودخلت في كل بيت ومؤسسة ومن هذه الامثلة والتطبيقات الرقمية على الانترنت هي:

1. المصادر والكتب والمكتبات والصحف والمجلات.
2. عمليات البيع والشراء والتسوق والأسواق والمزادات.
3. متابعة التبادلات التجارية والاسعار العالمية للمواد.
4. التعاملات البنكية والتحويلات المالية والمصرفية.
5. الموسيقى والاغاني والأفلام الصوتية والفديوية.
6. متابعة البورصات المحلية والعالمية.

7. متابعة الطرود البريدية من المرسل الى المستلم وكل الاماكن التي تمر بها.

8. كثير من الشركات تحولت الى شركات رقمية ولها مواقع على الانترنت.

9. كثير من الحكومات حولت أعمالها الى أعمال رقمية وأصبحت على الانترنت.

10. كثير من المؤسسات التعليمية تقدم خدمات كثيرة بما فيها المحاضرات على الانترنت.

3.5 البنية التحتية لنظم المعلومات   Information System Infrastructure

∘∘An integrated set of components for collecting, storing, processing, and communicating information. Business firms, other organizations, and individuals in contemporary society rely on information systems to manage their operations, compete in the marketplace, supply services, and augment personal lives.

أنتشرت نظم المعلومات منذ ظهور الحواسيب على نطاق تجاري وأصبح بالأمكان أستخدامها لتنفيذ مهام ووظائف المؤسسات والشركات والاعمال أيا كانت، لذا فأن مفهوم نظام المعلومات هو نظام لسجلات الأشخاص والبيانات والنشاطات والفعاليات التي تعالج البيانات والمعلومات في منظمة معينة بضمنها العمليات اليدوية والالية، وبظهور الحواسيب أصبحت هذه النشاطات تدار بأستخدام الحاسوب. تتكون نظم المعلومات في المؤسسات من ثلاثة عناصر أساسية هي الانسان والتكنولوجيا والمنظمة. ومن خلال هذا المنظور، فأن المعلومات تعرف بثلاث مستويات أحداها هو أن البيانات التي تعالج بأستخدام أياً من برامج التطبيق والاخر هو ضمن السياق الفردي فعند ترجمة البيانات لتصبح معلومات والاخير هو أن المعلومات تصبح معرفة عندما تفهم وتقيم.

في أي منظمة فأن نظم المعلومات يحتوي على بيانات (data)، والاجهزة والمعدات المادية (hardware)، وبرامج (software)، وأتصالات (telecommunications)، واشخاص (people)، وأجراءات وعمليات (procedures) وكما موضحة في الشكل

(3.2) وأن أي نظام للمعلومات يكون معتمدا على الحاسوب أذا أحتوى على حاسوب مركزي وتربط معه بقية الاجهزة والمعدات وأن الحاسوب هو الـذي يقـوم بـالاعمال والاجـراءات وحسب أدارة الناس المشرفين من خلال بـرامج حاسـوبية. وهنـاك مجموعـة مـن الاتجاهـات جعلت نظم المعلومات مهمة جدا في الاعمال وهي:

1. قدرة الحواسيب نمت بشكل كبير بينما أسعارها أخذت بالهبوط.
2. زيادة تشكيلة واسعة ومبدعة لبرامج الحاسوب.
3. الزيادة الكبيرة بخطوط الاتصالات التي عن طريقها بالامكان الدخول الى الانترنت.
4. فتح النمو السريع للأنترنت فرصاً واسعةً للتنافس في السوق العالمي.
5. زيادة نسبة القوة العاملة العالمية في ثقافة الحاسوب.

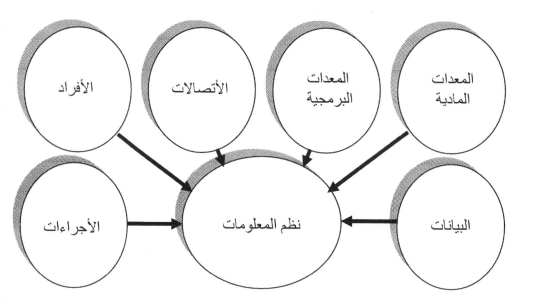

شكل (3.2) مكونات نظم المعلومات

تعمل جميع نظم المعلومات بنفس الطريقة سواء أحتوت على حواسيب أم لا، ولكن الحاسوب يزودنا بطريقة ملائمة لتنفيذ العمليات الاربعة لنظام المعلومات وكما موضحة في الشكل (3.3) وهي:

1. أدخال البيانات في نظام المعلومات (input).
2. تغيير ومعالجة البيانات في نظام المعلومات (data processing).
3. الحصول على المعلومات خارج نظام المعلومات (output).
4. خزن البيانات والمعلومات (storage).

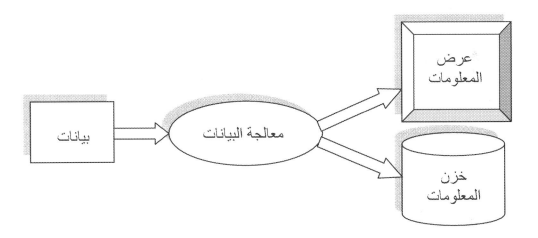

شكل (3.3) تنفيذ العمليات الاربع لنظام المعلومات

أما لو أردنا معرفة المركبات لنظام المعلومات المعتمد على الحاسوب فأنه موضح في الشكل (1.3) ومكوناته هي:

1. أجهزة أدخال البيانات في نظام المعلومات وتمثل لوحة المفاتيح والماوس وغيرها.
2. العمليات التي ينفذها الحاسوب على البيانات خلال نظام المعلومات.
3. أجهزة أخراج أو عرض المعلومات كالشاشة والطابعة وغيرها.

4. أجهزة خزن البيانات والمعلومات كالاقراص الليزرية وغيرها.

5. أجهزة الاتصالات والشبكات لنقل وتبادل المعلومات لمسافات بعيدة.

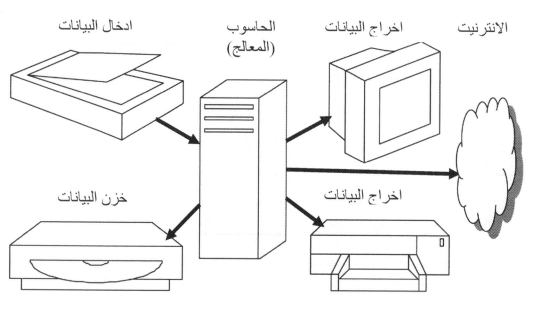

شكل (3.4) مكونات نظام المعلومات المحوسب

3.6 البنية التحتية لتكنولوجيا المعلومات   Information Technology Infrastructure

Information Technology (IT), as defined by the Information Technology Association of America (ITAA) is: "the study, design, development, implementation, support or management of computer-based information systems, particularly software applications and computer hardware."

تحـالف خـدمات وتكنولوجيـا المعلومـات العـالمي World Information Technology and Services Alliance (WITSA) هـو أئـتلاف لاكـثر مـن 60 جمعيـة صناعية في تكنولوجيا المعلومات حول العالم وتأسس عام 1978 وتوسع بشكل كبير ليـدخل في قضايا السياسة العامة الدولية التي تؤثر على خلـق البنيـة التحتيـة العالميـة للمعلومـات ثـم تشكلت جمعيات ومنظمات تعنى بهذه الاتجاهات في بلدان عديدة من العالم.

أنطلاقا من تعريف جمعية تكنولوجيا المعلومات الامريكية لتكنولوجيا المعلومـات على أنها دراسة أو تصميم أو تطوير أو تطبيق أو دعم أو أدارة أنظمـة المعلومـات المعتمـدة على الحاسوب خصوصا تطبيقات البرامج والمعدات المادية للحاسوب. وبشكل مختصر تتعامل تكنولوجيا المعلومات مع أستخدام الحواسيب الالكترونية وبرمجيات الحاسوب لتحويل وخزن وحماية ومعالجة وأرسال وأسترجاع المعلومات بشكل صحيح وأمن. ومن واجبات متخصصيـ تكنولوجيا المعلومات مايلي:

1. أدارة البيانات (data management).

2. شبكات الحاسوب (computer networks).

3. تصميم نظم قواعد البيانات (database systems design).

4. تصميم البرامج (software design).

5. نظم المعلومات الادارية (management information systems).

6. أدارة النظم (systems management).

لقد تطورت البنية التحتية لتكنولوجيا المعلومـات في المـنظمات مـن مرحلـة الحواسـيب الالكترونية المستقلة الى مرحلة مؤسسات الانترنت وهنا لابد من الاشارة الى أننا بصدد مرحلة جديدة وهي أن المؤسسات لاتقتني البـرامج وأن تشارك هـذه البـرامج عـن طريـق مـزودي الخدمة للتخلص من كافة المشاكل المتعلقـة بالمتابعـة والصيانة وغـير ذلك وبـذلك تصبح المؤسسة مرتبطة مع الانترنت ومع مـزودي الخـدمات بشكل مستمر. الشكل (3.5) يوضح البنية التحتية لتكنولوجيا المعلومات اليوم وهي تتكون من سبعة مكونات رئيسة هي:

1. أجهزة الحواسيب (computer hardware) وتشمل جميع أنواع الحواسيب الصغيرة والكبيرة، الثابتة منها والمتنقلة.
2. أنظمة التشغيل (operating systems) وتشمل جميع أنظمة التشغيل المستخدمة كالوندوز واللينكس وغيرها.
3. تطبيقات برامج المؤسسة (enterprise software applications) وتشمل جميع البرامج التطبيقية المستخدمة في المؤسسة كتطبيقات أوراكل لقواعد البيانات وتطبيقات مايكروسوف وغيرها.
4. خزن وأدارة البيانات (data management and storage) وتشمل جميع البرامج المستخدمة في أدارة قواعد بيانات المؤسسة مثل شبكات الخزن (storage area networks) وغيرها.
5. الاتصالات والشبكات (telecommunication and networking) وتشمل كل الامور المتعلقة بالشبكات والاتصالات من حيث الأجهزة المادية والبرمجيات.
6. الانترنت والانترانت (Internet and Intranet) ويشمل كل المعدات المادية والبرمجية والادارية لدعم مواقع الويب وخدمات الويب للأنترنت والانترانت.
7. الاستشارات وتكامل النظام (consulting and system integration) ويشمل كل الاستشارات المتعلقة بالتغيير والتطوير في العمليات والاجراءات والتدريب والتعليم وتكامل البرامجيات.

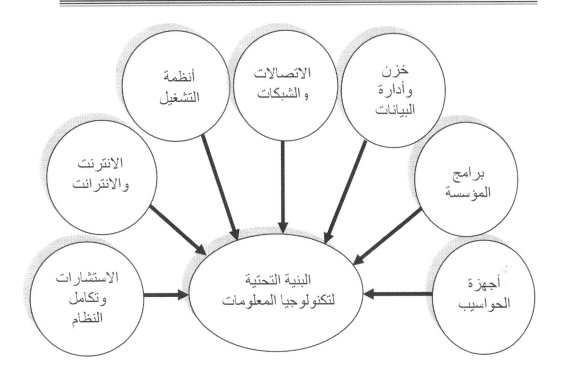

شكل (3.5) البنية التحتية لتكنولوجيا المعلومات

Case study: as we mentioned above the six components of information system: data, hardware, software, telecommunications, people and procedures. Named a small organization and try to map these six components of information system to your organization and explain briefly operations of each component at the organization.

Case study: as we mentioned above the four stages of processing: input, data processing, output and storage. Let us consider your secondary school as a small organization, try to define the four stages of processing to your organization depending on the selected goals of the organization.

Case study: as we mentioned above there are five basic components of computer system within an information system. Let us consider your university as a small organization, try to identify the basic functions of this organization and how to adapt each function to the computer equipment.

Case study: do you have an idea of starting a small business in your town? Let us consider starting a small hospital is the expected business. Support your answer with some explanation of this business idea. What is your plan of this business? Give some study of the environment and the market.

Directions: *Answer each of the questions after reading the article above. Write in complete sentences. You must think and be creative with your answers.*

1. Define the computer hardware.

2. Define the computer software.

3. Define the term information technology.

4. What are the trends of IT revolution?

5. Explain briefly the relation between business and IT.

6. Explain briefly the impact of IT on organization.

7. What are the levels of data processing?

8. Define E-world and list some of E-activities.

9. How to imagine E-Governance in a virtual world?

10. Explain briefly the relation between E-commerce and ethics.

11. Explain briefly the information system infrastructure.

12. List the four operations of information system.

13. What is the relation between the organization ITAA and IS?

14. What are the trends that make IS very important in business?

15. What are the components of computer based information system?

16. Explain briefly the information technology infrastructure.

17. What are the duties of specialists in information technology?

18. List the seven components of information technology infrastructure.

19. Explain briefly the definition of the organization WITSA.

20. What are the requirements to connect your PC to Internet?

Multiple choice questions

1. World Information Technology and Services Alliance established at
   a) 1978
   b) 1987
   c) 1977
   d) 1988

2. ITAA is the abbreviation of
   e) Information Technology Association of America.
   a) Information Technology of America Association.
   b) Information Technology of Arabic Association.
   c) non of the above.

3. WITSA is the abbreviation of
   a) World Information Technology and Services Alliance.
   b) World Information Technology and Services of America.
   c) World Information Technology and Systems of America.
   d) non of the above.

4. Most large companies keep the employment records of all their workers in large databases that are managed by
   a) computer programs.
   b) personal computer.
   c) mainframe computer.
   d) non of the above.

5. The four processing of IS are
   a) input, data processing, output, and storage.
   b) input, data processing, output, and retrieve.
   c) input, data processing, output, and receive.
   d) non of the above.

6. Which of the following is not concern with information technology?
   a) non of the below.
   b) computers and their supporting devices.
   c) computer networks.
   d) data and information.

7. The Internet revolution started at

    a) 1990s

    b) 1980s

    c) 1970s

    d) Non of the above.

8. The input that the system takes to produce information is

    a) data

    b) information

    c) knowledge

    d) non of the above.

9. Wisdom, deals with the future because it incorporates

    a) vision and design.

    b) vision and analysis.

    c) vision and data retrieving.

    d) all of the above.

10. The four stages of processing are

    a) input, data processing, output and storage.

    b) input, data, output and storage.

    c) input, data, information and knowledge.

    d) Input, data, information and output.

11. Understanding patterns are used to produce

    a) knowledge

    b) information

    c) wisdom

    d) all of the above.

12. The roles for achieving optimal and secure operations in data processing are

    a) procedures

    b) people

    c) communications

    d) non of the above.

13. The hardware and software that facilitate fast transmission and reception of electronic data are
    a) telecommunications
    b) computers
    c) networks
    d) non of the above

14. A computer based information system uses a certain process to decide which data to capture and how to process it, this process named
    a) logical process.
    b) physical process.
    d) software process.
    c) non of the above.

15. The components of information system are
    a) all of the below.
    b) software and hardware.
    c) telecommunications and procedure.
    d) data and people.

16. Business firms, other organizations, and individuals in contemporary society rely on information systems
    a) all of the below.
    b) to manage their operations.
    c) to compete in the marketplace.
    d) supply services, and augment personal lives.

17. It is difficult to start e-small business without
    a) historical data.
    b) a lot of money.
    c) a large number of staff.
    d) all of the above.

18. Fast Internet depends on
    a) digital subscriber.
    b) analog subscriber.
    c) Internet subscriber.
    d) all of the above.

19. The Internet is a huge network because it spreads

   a) in worldwide.

   b) in each country separated.

   c) in each town separated.

   d) all of the above.

20. The Internet makes the world as a small village because it spreads

   a) in worldwide.

   b) in each country separated.

   c) in each town separated.

   d) all of the above.

Chapter Four

المعدات المادية لتكنولوجيا المعلومات

Information Technology Hardware

Learning objectives

1. Identify the core components of computer.

2. Understanding the historical development of computers.

3. Understanding the classification of computer systems.

4. Identify the types of computers.

5. Describe the basic components of a computer system.

6. Understanding the communications between computers.

7. Identify business evolves with computing.

4.1 مقدمة Introduction

A **computer** is an electronic device, operating under the control of **instructions** stored in its **memory** unit that can accept data as **input**, process data **arithmetically** and **logically**, produce information as **output** from the processing, and store the result in a storage device for future use.

كانت النظرة التقليدية والقديمة للحاسوب على أنه عبارة عن جهاز ألكتروني يقوم بالاعمال الحسابية حيث يحتوي على أداة لادخال البيانات وهي لوحة المفاتيح وأداة لاخراج البيانات وهي الشاشة والمعالج الحسابي الذي يقوم بتنفيذ العمليات المطلوبة ويكون موجود في مكان معزول عن وحدات أدخال وأخراج البيانات. وهناك من يعطي مفهوما أخر للحاسوب على أنه يضم الهيكل وما بداخله من معدات أضافة الى لوحة المفاتيح والشاشة. ولقد تطور هذا المفهوم للحاسوب مع تطور الحواسيب وملحقاتها وبالنظر الى تعريف الحاسوب أعلاه نلاحظ أنه عبارة عن جهاز ألكتروني يعمل تحت مراقبة وسيطرة التعليمات والاوامر المخزونة في وحدة الذاكرة والذي يستلم أو يقبل البيانات كمدخل له ومن ثم يعالج هذه البيانات بشكل رياضي ومنطقي ومن ثم ينتج المعلومات كمخرجات لهذه المعالجة وبعد ذلك تخزن النتيجة في وحدة التخزين لكي تستخدم في المستقبل علما بأن كل البيانات التي يتعامل معها الحاسوب يجب أن تكون على شكل بيانات رقمية. نلاحظ مما تقدم أنه من المكونات الأساسية لجهاز الحاسوب هي وحدة الادخال التي يتم عن طريقها أدخال البيانات، ووحدة الاخراج التي يتم عن طريقها أخراج البيانات، ووحدة المعالجة التي يتم فيها معالجة البيانات، وأخيرا وحدة الخزن التي يتم فيها خزن البيانات. أما البيانات أو مانطلق عليها المواد الخام لانها مواد أولية غير معالجة وغير ذات فائدة في صيغتها الحالية وأذا ما عولجت هذه البيانات وطبقت عليها عمليات معينة ضمن الحاسوب فأنه يطلق عليها المعلومات والتي تصبح معلومات ذات قيمة يمكن التعامل معها والاستفادة منها. مما تقدم يمكن أن نقول أن الجزء المادي أو المعدات المادية للحاسوب

(Hardware) تمثل الاجزاء او المكونات الملموسة وهي القطع الرئيسة للحاسوب أما الجزء البرمجي أو المعدات البرمجية للحاسوب (Software) فهي تمثل مجموعة الاوامر والاجراءات والبرامج التي تقود وتسيطر على المعدات المادية لتنفذ مهام معينة. ومن الجدير بالذكر هنا الى أن أجزاء أو مكونات الحاسوب يجري الاتصال فيما بينها من أجل نقل وتبادل المعلومات خلال الناقلات (Buses).

4.2 النمو التأريخي للحاسوب Historical Growth of Computer

During the 1940s, as newer and more powerful computing machines were developed, the term **computer** came to refer to the machines rather than their human predecessors. As it became clear that computers could be used for more than just mathematical calculations, the field of **computer science** broadened to study all computation included **computer systems**.

جهاز الحاسوب أُخترع وأدخل الى حيز التطبيق منذ سنين عديدة ولقد حظي بأهتمامات كثيرة ومر بتطورات تلو الاخرى وهناك من يتعامل مع الحاسوب كجهاز منفرد ومستقل بحد ذاته ومنهم من يربطه مع المحيط الخارجي ويتابع التطور من وجهة النظر التقنية التي شهدتها كافة التقنيا ت الالكترونية. ولابد من الاشارة هنا الى أن ما دفع الحاسوب الى هذه الطفرات الكبيرة من التطور هو دخوله في تطبيقات واسعة جدا ومنها عالم الاتصالات فاليوم يمكن أن نعتبر الحاسوب والاتصالات عنصران متلازمان ويكمل أحدهما الاخر، ولايمكن لاحدهما العمل دون مساندة الاخر لذا فأنهما متكاملان وعلى أساسهما يقاس التقدم العلمي والتقني.

لقد تطور الحاسوب مع تطور التقنيات الالكترونية وبالنظر الى بداية الفقرة حول الحاسوب أعلاه نلاحظ أن ما يطرحه في تلك الفترة الزمنية أي فترة الاربعينيات بظهور الحواسيب ذات القدرة العالية وأنها ليست للحسابات الرياضية فقط وأنما أوسع من ذلك وصولا الى ظهور علم الحاسوب بما يحتويه من أنظمة ومعلومات. فلو أستقرئنا تلك

الفترة الزمنية التي أعتبرت ثورة في ذلك الوقت فأنها مقارنة بما موجود الان تعتبر لاشئ وليس لها معني ولكن هذا هو التطور فلكل زمن تقنيات وعلوم.

لقد أستغرق الحاسوب في تطوره فترات زمنية كبيرة وعليه يمكن أن نحدد عدة مراحل لتطور الحاسوب وذات معالم واضحة الا وهي :

● مرحلة الاجهزة اليدوية وتمتد هذه الفترة من نشأة الحضارات القديمة الى القرن السادس عشر وتعتمد هذه الفترة بالاساس على ما قام بتطويره علماء الفيزياء والرياضيات من وسائل يُستفاد منها في الحسابات وكذلك تم أستخدام أنظمة العد.

● مرحلة الحواسيب الميكانيكية والكهروميكانيكية وتبدأ هذه المرحلة من أختراع العالم الفرنسي باسكال للماكنة نصف الالية والتي أستخدمت في جمع الاعداد ثم طُورت لتكون قادرة على تنفيذ عملية الضرب. تطورت هذه الالة شيئا فشيئا الى أن تمكن أيكن وجريس هوبر بمساعدة من شركة (IBM) من أنتاج أول ألة حاسبة كهروميكانيكية وذلك في عام 1944.

● مرحلة الحواسيب الالكترونية وتبدأ هذه المرحلة من قيام مجموعة من المهندسين في جامعة بنسلفانيا من أنتاج أول حاسوب ألكتروني سمي (EDVAC:Electronic Discrete Variable Automatic Computer). وتستمر هذه الفترة الى أن تم في عام 1951 أنتاج جهاز سمي (Universal Automatic Computer) من قبل موشلي وايكرت وهو أول جهاز حاسوب يتم تسويقه على نطاق تجاري.

4.3 تطور أنظمة الحاسوب   **Evolution of Computer Systems**

A generation refers to the state of improvement in the development of a product. This term is also used in the different advancements of computer technology. With each new generation, the circuitry has gotten smaller and more advanced than the previous generation before it. As a result of the **miniaturization**, **speed**, **power**, and **memory** of computers has proportionally increased.

منذ ظهور الحواسيب على نطاق تجاري في أوائل الخمسينيات الى يومنا هـذا تـم تقسيم الحواسيب الى أجيال، حيث ينتمي كل جيـل الى فـترة زمنيـة معينـة ويحمل خـواص وصفات متشابهة. ولو نظرنا الى مفهوم معنى الجيل الذي تم عرضه في بداية الفقرة فأنه يدل على التطور الذي يطرأ على تكنولوجيا الحاسوب من ناحية حجم الحاسوب وسرعـة المعـالج وحجم الذاكرة وتطوير كافة البرامجيـات والتقنيـات والاجهـزة المسـاعدة للحاسوب وهـذه الاجيال موضحة في الشكل (4.1) ونذكر منها ما يلي:

1. حواسـيب الجيـل الاول (1951-1958) ومـن أنواعهـا UNIVAC و IBM700 وتتميـز بالخواص التالية:

- تعتمد على مبدأ تكنولوجيا الصمام الالكتروني المفرغ في تصنيعها.

- أحجامها كبيرة وكذلك أوزانها كبيرة.

- بطء تنفيذ العمليات حيث لاتتجاوز سرعـة تنفيـذها للعمليات عـن 20 ألـف عملية في الثانية.

- قلة الدقة وضعف الذاكرة الرئيسية.

- تستخدم لغة الالة في أعداد البرامج.

- تحتاج الى طاقة كهربائية عالية عند تشـغيلها وكذلك تولـد حـرارة عاليـة عنـد التشغيل.

2. حواسيب الجيل الثاني (1959-1964) ومن أنواعها UNIVAC1107 وIBM7090 وتتميز بالخواص التالية:

- تعتمد على مبدأ تكنولوجيا الترانزستور في تصنيعها.

- أحجامها صغيرة وكذلك أوزانها لانها تعتمد على الترانزستور.

- سرعة تنفيذ العمليات تصل الى مئات الالاف من العمليات في الثانية.

- وثوقية عالية وكذلك تم تحسين سعة الذاكرة حيث تصل الى 32 ألف بايت.

- تستخدم لغة عالية المستوى كالفورتران والكوبول في أعداد البرامج.

- لاتحتاج الى طاقة كهربائية عالية عند تشغيلها وكذلك تولد حرارة عالية عند التشغيل.

3. حواسيب الجيل الثالث (1965-1970) ومن أنواعها SECTRA70 وIBM360 وتتميز بالخواص التالية:

- تعتمد على مبدأ تكنولوجيا الدوائر المتكاملة في تصنيعها.

- أحجامها أصغر بكثير من سابقتها وكذلك أوزانها.

- سرعة تنفيذ العمليات تصل الى ملايين من العمليات في الثانية.

- دقة في النتائج وكذلك أزدادت سعة الذاكرة لتصل الى 8 مليون بايت.

- تم تحديث نظم التشغيل ولغات البرمجة المستخدمة ونظام تعدد المعالجات.

- بدأ في هذا الجيل ظهور الحواسيب متوسطة الحجم.

4. حواسيب الجيل الرابع (1971-2000) ومن أنواعها IBM486 وICL29000 وتتميز بالخواص التالية:

- تعتمد على مبدأ تكنولوجيا الدوائر المتكاملة من نوع (VLSI) في تصنيعها.

- أحجامها أصغر بكثير من سابقتها وكذلك أوزانها.

- سرعة تنفيذ العمليات تصل الى مئات الملايين من العمليات في الثانية.

- الذاكرة الرئيسية قسمت الى الذاكرة العشوائية (RAM) وذاكرة القراءة فقط (ROM).

- تم تطوير نظم التشغيل ونظم العمل في الزمن الحقيقي.

- ظهرت في هذا الجيل الاقراص الصلبة والاقراص المرنة.

5. حواسيب الجيل الخامس (2000- .....) ومن أنواعها الحواسيب الذكية وتتميز بالخواص التالية:

- تعتمد على مبدأ تكنولوجيا الدوائر المتكاملة من نوع (ULSI) في تصنيعها.

- أحجامها أصغر بكثير من سابقتها وكذلك أوزانها.

- سرعة تنفيذ العمليات تصل الى أضعاف سرعات الجيل السابق في العمليات في الثانية.

- ظهور أقراص التخزين الضوئية (Optical Disk Storage) والاقراص المدمجة (CD).

- ظهور تقنيات الوسائط المتعددة (Multimedia).

- أستخدام تقنيات النمذجة والمحاكاة واللغات الطبيعية والذكاء الاصطناعي.

- أستخدام المعالجات المتعددة (Multiprocessors) والانظمة الموزعة (Distributed Systems) والمعالجات المتوازية (parallel Processing).

حاسوب الجيل الاول

حاسوب الجيل الثاني

حاسوب الجيل الثالث

حاسوب الجيل الرابع

حاسوب الجيل الخامس

حاسوب الجيل الخامس

شكل (4.1) حاسوب الجيل الاول

4.4 تصـنيف أنظمـة الحاسـوب Classification of Computer Systems

There are a lot of terms used to describe **computers**. Most of these words imply the size, expected use or capability of the computer. A **computer system** is a complete, working computer. The **computer system** includes not only the computer, but also any software and peripheral devices that are necessary to make the computer function.

ذكرنا في الفقرة السابقة أجيال الحواسيب وما مـرت بـه مـن تطـورات عـبر السـنين، والتي وظُفت بدورها لتكوين أنـواع مختلفـة مـن أنظمـة الحواسـيب. ونريـد الان أن نوسـع قابلياتنا في تصنيف أنوع الحواسيب لكي تشمل مدى أوسع من الحواسيب المختلفة الموجودة في عالمنا اليـوم أخـذين بنظـر الاعتبـار الاسـتخدام والكلفـة والانتشـار أضـافة الى المواصـفات التكنولوجية المستخدمة في العمل وبالنظر الى بداية هذه الفقرة فهناك تعبيرات كثيرة لوصف الحواسيب وأنظمتها وأغلـب هـذه التعبـيرات تعتمـد عـلى الحجـم وقـدرة تنفيـذ العمليـات والتقنيات المستخدمة فيها من المعدات المادية والبرمجية وبشكل عام يمكن إعـتماد العوامـل التالية وبشكل متداخل كأساس لتصنيف الحواسيب:

- البيانات التي يتعامل معها الحاسوب أو النظام هل هـي بيانـات تماثليـة (Analog) أو بيانات رقمية (Digital) علما بأن غالبية البيانات اليوم تكون رقمية حيث تتميز بالسرعة العالية.
- كلفة الحاسوب أو النظام وتختلف حسب المواصـفات وقـدرة الحاسـوب والتقنيـات المستخدمة في التصنيع فهي تتراوح بين الحواسـيب البسـيطة بمئـات الـدولارات الى الحواسيب ذات التقنيات العالية بملايين الدولارات.
- حجم الحاسوب أو النظام حيث تختلف من الاحجام الكبيرة ذات المواصفات العالية والمتعـددة المعالجـات والخـزن العـالي الى الحواسـيب الصـغيرة والشخصـية ذات المواصفات الاعتيادية.

- القدرة الحسابية للحاسوب أو النظام أي معدل تنفيذ العمليات في الثانية حيث تشمل أنواع مختلفة من الحواسيب منها فائقة السرعة في تنفيذ العمليات الى الحواسيب الاعتيادية ذات السرع الاعتيادية.
- الوظائف التي يقدمها الحاسوب أو النظام حيث يمكن أن نحدد ثلاثة أنواع وهي: أنظمة الحاسوب المركزية التي تخدم عدة مستخدمين، والحواسيب المستقلة التي تخدم مستخدم واحد، وأنظمة الحواسيب الموزعة التي تتميز بالقدرة العالية ولعدة مستخدمين.
- الهدف من بناء هذا الحاسوب أو النظام هل هو ذا هدف عام ويشمل الانواع شائعة الاستخدام أو هو ذا هدف خاص ومبرمج لاستخدامات خاصة ومعينة ولايصلح للأستخدامات العامة.

4.5 الاصناف الاساسية للحواسيب Basic Categories of Computers

Computers are available in different shapes, sizes and weights, so they perform different sorts of jobs from one another. They can be classified in different ways. All the computers are designed by the qualified computer architectures that design these machines as their requirements.

A **supercomputer** is a computer that leads the world in terms of processing capacity, particularly speed of calculation, at the time of its introduction. The term "Super Computing" was first used by New York World newspaper in 1920 to refer to large custom-built tabulators IBM made for Columbia University. IBM continues to dominate the list of the fastest supercomputers in the world, with four of the top 10 computers on the list and half of the top 500.

بداية هذه الفقرة مجموعة من العبارات توضح أنه توجد أنواع وأشكال مختلفة من الحواسيب وهي تقوم بأعمال ووظائف مختلفة وأن جميع الحواسيب مصممة بأستخدام تقنيات متطورة وحسب المتطلبات والاهداف التي حددت لها. تطرقنا في الفقرة السابقة الى الاسس والمبادئ المستخدمة في تصنيف الحواسيب أما هنا فسوف نستعرض الاصناف الاساسية للحواسيب أخذين بالحسبان مختلف العوامل والاسس التي تستخدم في التصنيف. وعلى هذا الاساس بالامكان تمييز الاصناف التالية:

الحوايسب الصغيرة (Microcomputer) وهي حواسيب صغيرة الحجم حيث بأمكان الشخص أن يحركها من مكان الى أخرلذا فهي كذلك تدعى الحواسيب الشخصية (Personal Computer) وتتميزبقدرة قليلة عند مقارنتها بغيرها من الحواسيب وكما موضحة في الشكل (4.2). يعتبر الحاسوب المكتبي (Desktop Computer) أكثر الانواع شيوعا من هذه الحواسيب ومن أنواعها الاخرى هو حاسوب الحقيبة (Laptop Computer) والحاسوب الدفتري (Notebook Computer) ويتميزان بأنهما أصغر حجماً من الحاسوب المكتبي. الحواسيب الصغيرة اليوم أصبحت أكثر أنتشارا من غيرها أضافة الى أنها أصبحت بمواصفات وتقنيات عالية وخصوصا بعد أدخال تقنيات الوسائط المتعددة (Multimedia) والشبكات اللاسلكية (Wireless Networks) فيها حيث بالامكان ربطها مع بعضها ومع الاجهزة الاخرى بشكل سهل وملائم. ولهذا النوع من الحواسيب أستخدامات كثيرة كالحسابات والاعمال الشخصية وتطبيقات الانترنت وأدارة ومعالجة الاعمال الصغيرة حيث أن قدرة المعالج تصل الى 400 مليون عملية في الثانية (MFLOPS) وأما سعرها فلايتعدى عن ثلاثة ألاف دولارا.

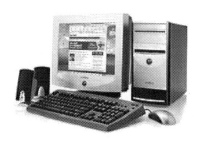
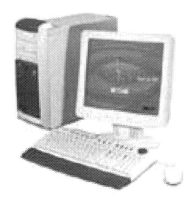

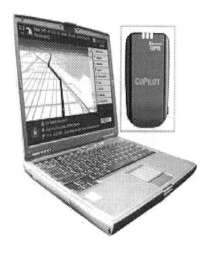
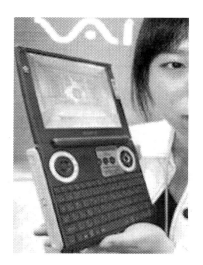

شكل (4.2) مجموعة من الحواسيب الصغيرة

الحوايسب المتوسطة (Minicomputer) وهي حواسيب متوسطة الحجم وتكون نوعاما أكبر حجما من الحواسيب الصغيرة وفي بعض الاحيان تدمج معها من ناحية التصنيف حيث تتداخل معها في القدرة والتطبيق وكما موضحة في الشكل (4.3). وتتميز هـذه الحواسيب بقدرة أفضل من سابقتها حيث تصل قدرة المعالج الى 4000 مليون عملية في الثانية. وتعتبر محطة العمل الطرفية (Workstation) من أهم أنواع هذا الصنف وهو حاسوب بأمكان أي شخص أستخدامه والعمل عليه، أي أن الحاسوب الشخصي يمكن أن يكون محطة عمل طرفية وأكثر قدرة على المعالجة من الحاسوب الاعتيادى أضافة الى أن الشاشة تكون ذات مواصفات عالية. ومن تطبيقاتها الواسعة أستخدامها في تطبيقـات الشركات الخاصة وفي أدارة الاعمـال العامة للشركات متوسطة الحجم وفي الشبكات كخـادم وكذلك في الانترنت، أمـا سـعرها فيختلف حسب الموصفات والتقنيات المستخدمة فيها ويصل الى حدود مليون دولار.

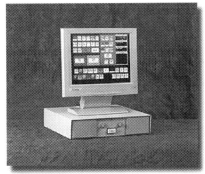

شكل (4.3) مجموعة من الحواسيب المتوسطة

الحواسيب الكبيرة (Mainframe computer) وهذه حواسيب كبيرة الحجم وتحتاج الى مكان مهيأ بشكل جيد ويحتوي كافة الخدمات والى فريق من المتخصصين والمحللين والمبرمجين والمشغلين وبأمكانها التعامل مع ألاف المحطات الطرفية والمستخدمين في نفس الوقت وهي تعتبر أساس أنظمة الحاسوب في أغلب الشركات والمؤسسات الكبيرة وكما موضحة في الشكل (4.4). وأمتدت هذه الانظمة الحاسوبية من الاجيال الاولى والتي تتعامل مع التقنيات القديمة في بداية الخمسينيات الى الأنظمة الحديثة حيث تصل قدرتها اليوم الى 8000 مليون عملية في الثانية في حين يصل سعرها الى حدود 20 مليون دولار. قدرة وقوة هذه الانظمة تاتي من أمكانيتها على العمل المباشر وبالزمن الحقيقي وفي تنفيذ العمليات على شكل دفعات وكذلك في تنفيذ تطبيقات العمل القياسية وفي تنفيذ الاعمال العلمية والهندسية وفي التعامل مع تطبيقات الشبكات والانترنت.

شكل (4.4) مجموعة من الحواسيب الكبيرة

الحواسيب العملاقة (Supercomputer) وهي تمثل أضخم الحواسيب وأسرعها في العالم ويمكن أعتبار الحواسيب التي تزيد سرعة المعالج فيها عن 4000 مليون عملية في الثانية هي بداية المعالجات العملاقة في حين ممكن أن تصل سرعة المعالج فيها الى 100 مليون مليون عملية في الثانية وقد يصل سعرها الى 100مليون دولار. الحواسيب

العملاقة مصنعة بشكل خاص للتعامل مع المسائل والمهام المركزة والعالية الدقة واغلبيتها تستخدم للأغراض العلمية والبحثية بمختلف التخصصات وكما موضحة في الشكل (4.5).

لو أستعرضنا المربع الثاني في بداية الفقرة نلاحظ أن مصطلح الحسابات الفائقة قديم العهد يرجع الى سنة 1920 وتعتبر شركة IBM هي الشركة الاولى بأنتاج الحواسيب العملاقة حيث أن الحواسيب الاربعة الاولى تنتمي لهذه الشركة أضافة الى أن 50% (من بين 500 حاسبة عملاقة) من الحواسيب العملاقة في العالم هي من أنتاج هذة الشركة ولاننسى دور الشركات الاخرى HP و Dell و Hitachi وغيرها من الشركات الرائدة في هذا المجال.

شكل (4.5) مجموعة من الحواسيب الفائقة

Case Study: The system mentioned at the left of fig (4.5) is a super computer, a $50 million Linux-based NASA machine called Columbia, which SGI sold in July, can perform 42.7 trillion calculations per second, or 42.7 teraflops, SGI announced Tuesday. However, that speed isn't the final word: The system used only four-fifths of the 10,240 Intel Itanium 2 processors in the full machine being uncloaked at NASA's Ames Research Center in Moffett Field, Calif.

The speed is a notch faster than the 36.01 teraflops IBM reported for its Blue Gene/L system in September. That performance was enough to edge Big Blue ahead of NEC's Earth Simulator, which since 2002 has led a list of the world's 500 fastest supercomputers. IBM's test, performed Sept. 16, also is likely to be outdone by a later score.

الصورة التي على يسار الشكل (4 .5) تمثل حاسوب عملاق بسعر 50 مليون دولار وتابعة لشركة ناسا وتدعى كولومبيا وهي تنفذ 42.7 تريليون (مليون مليون) عملية في الثانية وهذا النظام يستغل 4/5 من قدرة المعالج. وهو أسرع من الحاسوب العملاق لشركة IBM والذي ينفذ 36.1 ترليون عملية في الثانية. ويجدر بالذكر أن هذه التقنيات يحظر تصديرها الى خارج الولايات المتحدة الامريكية حسب القوانين والانظمة المطبقة لديهم.

الحواسيب العملاقة موزعة في دول أوربا وأمريكا أضافة الى الصين واليابان وهناك قوانين خاصة تحدد تصدير هذه الحواسيب الى دول العالم الثالث ومنها الدول العربية وقد صادق مجلس الشيوخ الأمريكي على قانون إدارة التصدير في عام 2001, ليكون أساساً يمنح رئيس الولايات المتحدة حق السيطرة على تصدير الحواسيب.

قالت صحيفة "نيويورك تايمز" في تقرير لها ان الصين تملك تسعة عشر حاسوباً عملاقاً تصنف بين الخمسمائة حاسوب الأسرع في العالم حيث تحولت هذه الحواسيب الى مفخرة وطنية حسب ما يقول ستيف وولاك مصمم الحواسيب العملاقة الذي يتولي منصب نائب رئيس شركة" شيارو نتو يركس" للتقنية التي تنتج حواسيب عالية الأداء.

4.6 مكونات نظام الحاسوب Components of Computer System

Computers vary greatly in size, cont, speed and details of their operation. Fortunately all computers have the same basic logical structure. A digital computer (also analog computer) typically consists of a control unit, an arithmetic-logic unit, a memory unit, and input/output units.

تتبـاين الحواسـيب اليـوم بشـكل كبـير في الحجـم والسـعر والسرعة وفي تفاصـيل وطريقة تنفيذ العمليات من الحواسيب الصغيرة والى الحواسيب العملاقة ولحسن الحظ فـأن جميع هذه الحواسيب لها نفس الهيكلية والمكونات الاساسية. وتحتوي الحواسيب بشكل عام على وحدة السيطرة، ووحدة المنطق الريـاضي، ووحـدة الـذاكرة، أضـافة الى وحـدة الادخـال والاخراج وكما موضح في الشكل (4.6) ونلاحظ من خلال هذا الشكل أنـه يوجـد نـوعين مـن الاسهم : النوع الاول وهي الاسهم الممثلة بالخط الصلد وهذه تمثل سير البيانات خـلال نظـام الحاسوب، أما النوع الثاني وهي الاسهم الممثلـة بـالخط المـنقط وهـذه تمثـل سـيطرة وحـدة السيطرة على جميع مركبات الحاسوب الاخرى.

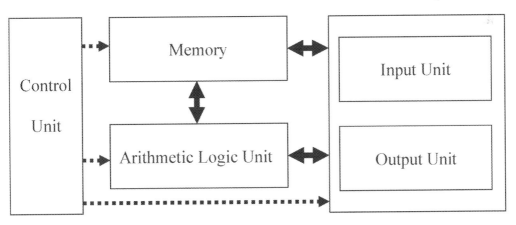

شكل (4.6) المكونات الاساسية لنظام الحاسوب

وحدة المعالجة المركزية Central Processing Unit (CPU) :

The CPU is the brains of the computer. Sometimes referred to simply as the *processor* or *central processor*, the CPU is where most calculations take place. Pentium architecture chips offered just under twice the performance of a 486 processor per clock cycle. The first Pentium CPU debuted as a 60 and 66 MHz chip, integrated 3.1 million transistors and was built in an 0.80-micron production process.

تعتبر وحدة المعالجة المركزية أهم جزء في نظام الحاسوب، وهـي المكـان الـذي تـتم فية معظـم العمليـات الحسـابية وفي الحواسيـب الصـغيرة يطلـق عليهـا بالمعـالج وكـما هـي موضحة في الشكل (4.7). تتكون وحدة المعالجة المركزية الاعتياديـة مـن أولا وحـدة المنطـق الحسـابي (Arithmetic Logic Unit) والتـي تـؤدي العمليـات الحسـابية والمنطقيـة وثانيـا وحـدة السـيطرة (Control Unit) والتـي تنتـزع الاوامـر مـن الـذاكرة وتترجمهـا وتنفـذها وتستدعي وحدة المنطق الحسابي عند الضرورة. المعـالج Pentium الـذي أدخـل عـام 1993 قدم ضعف المواصفات التي كانت لدى المعالج 486 حيث كانت سرعة المعالج 60 ميكاهرتز. أستمر التطور في المعالجات حيث أدخلت تقنيات عديدة في تصنيعها وأزدادت سرعتها لتصـل الى 4 كيكاهرتز في المعالج Pentium5 ثم في بداية عام 2007 نحن نتكلم عـن سرعـة معـالج تصل الى 8 كيكاهرتز.

شكل (4.7) وحدة المعالجة المركزية في الحواسيب الصغيرة

مواصفات المعالج بنتيوم Specifications of Pentium Processor :

Case Study: Try to do a search to find the highest frequency of CPU, and describe specifications.
In January 2007, a frequency of 8 GHz was reached by an Italian overclocker team known as ThuG OC, using a Pentium 4 631 with a FSB of 533 MHz and a multiplier of 15. By the end of March, this record was increased further to 8.18 GHz, using an even higher FSB of 545 MHz. This is considered the highest clock frequency ever realized on a consumer CPU.

سوف نستعرض بعض مواصفات المعالج بنتيوم التي أدت الى أنتشاره السريع ودخوله في تطبقات وأعمال واسعة على مستوى الاشخاص والمؤسسات:

1. المعالج بنتيوم هـو أول معـالج يسـتخدم هيكليـة بأمكانهـا تنفيـذ عمليتيـن عـلى التوازي أي في نفس الوقت وهذه تدعى Superscalar Architecture .

2. أن سعة ناقل البيانات للبنتيوم تضاعف الى 64 بـت وهـذا يـؤدي الى مضاعفة الحزمة الناقلة من والى الذاكرة.

3. مضاعفت سرعة الناقل للـذاكرة حيـث أن أول بنتيـوم تـتكلم عـن 60 ميكـاهرتز وهذا يُحسن المواصفات بشكل كبير.

4. تستخدم البنتيوم مبدأ التنبؤ المسمى Branch Prediction والذي يمنع حدوث عمل الخط المتوازي Pipeline أذا تمت مصادفة الفروع.

5. جميع المعالجات بنتيـوم تسـتخدم نمـط أدارة النظـام System Management Mode في أدارة الطاقة .

6. معالج البنتيوم يستخدم نظام Split Level 1 Cache في الذاكرة والذي يسمح 8 كيلو بايت للبيانات والاوامر.

7. وحدة النقطة العائمة للبنتيوم Floating Point Unit أسرع بكثير مـما عليـه في المعالجات السابقة.

Input/Output Unit وحدة الادخال والاخراج

Input/output unit also known as computer peripheral any of various devices (including sensors) used to enter information and instructions into a computer for storage or processing and to deliver the processed data to a human operator or a machine controlled by the computer.

لا يعمل الحاسوب لوحده من الفراغ إذ لابد من وجود أدوات تستخدم لادخال البيانات الى الحاسوب لكي تستخدم هذه البيانات في العمليات الحسابية، وهذه الادوات يطلق عليها وحدات أو أجهزة الادخال وأبسط مثال على ذلك هو لوحة المفاتيح. أما وحدات الاخراج فتقوم بعرض البيانات أو المعلومات بعد المعالجة على صيغة أو هيئة تكون مرئية ومفهومة بالنسبة لمستخدم الحاسوب وأبسط مثال على ذلك هي شاشة الحاسوب. لو أستعرضنا بداية الفقرة فأن وحدة الادخال والاخراج وكذلك تدعى أي من الوحدات المختلفة الملحقة بالحاسوب بما في ذلك المتحسسات والتي تستخدم لادخال المعلومات كأوامر الى الحاسوب سواءا للخزن أو للمعالجة ومن ثم تسليم البيانات المعالجة الى المستخدم أو الى أي ماكنة ضمن سيطرة الحاسوب. أختلفت أجهزة الادخال والاخراج للحواسيب بمرور الزمن وبتكيفها مع التقنيات الحديثة وبأختلاف البيانات التي تتعامل معها فبعد أن كانت البيانات مقروءة ومكتوبة فقط أصبحت اليوم تتعامل مع كافة أنواع البيانات وخصوصا الوسائط المتعددة أي أنها تتعامل مع البيانات المقروءة والمسموعة والمرئية وسوف نستعرض بعضا من أجهزة الادخال والاخراج.

1. أجهزة الادخال Input Devices وهي موضحة في الشكل (4.8) ومنها:

- لوحة المفاتيح Keyboard وتستخدم لادخال معلومات النص المكتوبة الى الحاسوب عندما نطبع تقريراً معيناً وكذلك تستخدم لطباعة أوامر تساق الى الحاسوب لتأدية مهمة معينة. وأغلب لوحات المفاتيح توصل الى الحاسوب عن طريق PS/2 وأما الحديثة فتستخدم USB .

• أجهزة التأشير Pointing Devices وهي الاجهزة التي تستخدم في تطبيقات واجهة المستخدم المدعمة بالرسم graphical user interfaces حيث تحتاج الى أستخدام المؤشر على الشاشة. وأغلب أجهزة التأشير توصل الى الحاسوب عـن طريـق PS/2 وأما الحديثة منها فتستخدم USB.

• الفأر Mouse وهو عبارة عـن جهاز مـؤشر يتحـرك بواسطة اليد عـلى سطح، وعندها تتحرك الكرة التي بداخله والتي بدورها تحرك العجلات الصغيرة التـي تنقل المعلومات الى الحاسوب عن طريق السك الموصل لـه. أمـا النـوع البصري فيستخدم ضوء ومتحسس بصري صغير لاكتشاف الحركة مـن قبـل تتبـع الصورة الصغيرة عـلى السطح. واما النوع الحديث فيستخدم التقنيات اللاسلكية كالموجات الراديوية Radio Waves في نقل المعلومات وكذلك يحتاج الى بطارية داخلية لتزوده بالطاقة.

• لوحـة اللمـس touchpad وهـي مـن التقنيـات الحديثـة وتسـتخدم في معظـم الحواسيب المحمولة حيث يتم تحريك المؤشر مـع حركة الاصبع عـلى لوحـة اللمـس ولتنفيذ الامر تضرب الاصبع على اللوحة.

• نقطة التتبع أو المسار Trackpoint وهي مـن التقنيـات الحديثة، وتستخدم في الحواسيب الدفترية ونقطة التتبع عبارة عن منظور مطاطي مضمن بين لوحة المفاتيح وتعمل عمل المقود وتستخدم للسيطرة على موقع المؤشر على الشاشة.

• كرة التتبع Trackball وهي مشابهة الى جهاز فأر مقلوب حيث تكـون الكـرة الى الاعلى، وتستخدم الاصابع لتحريك كرة التتبع التي بدورها تحرك عجلات داخلية وهي التي تتحسس الحركة التي ترسل الى الحاسوب وهنـاك نـوع متطور منهـا هـو النـوع الضوئي.

• المقود وأجهزة سيطرة الالعاب Joysticks and other game controllers وهـي أدوات أدخال تربط الى الحاسوب كأجهزة تأشير وتستخدم بشكل عام للألعاب وليس للسيطرة على المؤشر ولها برامج معدة لهذا الغرض.

● شاشة اللمس Touch Screen حيث ان بعض الحواسيب المحمولة يدوياً تمتلك شاشات عرض حساسة للمس، ومن خلالها يمكن للمستخدم أن يقوم بالاختيارات ويضغط على صورة الزر على الشاشة ويمكن أستخدام قلم صغير لاجراء الاختيارات به.

● قرص الرسومات Graphics Tablet يشمل هذا القرص منطقة كتابة ألكترونية وله قلم خاص يعمل معه، وتسمح هذه الاقراص للمستخدم بعمل صور تخطيطية مع حركات وأفعال. ويكون القلم حساساً للضغط لذلك فأن ضغطه بقوة أو ببطئ يؤدي الى ضربات بحزم مختلفة على الفرشاة.

● ماسح ضوئي Scanner وهو جهاز يعكس الصفحة المطبوعة أو المرسومة بتحويلها الى نظام رقمي وينتج عن ذلك صورة على شكل نقاط صغيرة جدا بمختلف المستويات اللونية والتي تمثل رقميا ثم ترسل المعلومات الى الحاسوب.

● المايكروفون Microphone وهو جهاز يمكن أن يربط الى الحاسوب لتسجيل الصوت من خلال بطاقة الصوت حيث يحوله الى قيم رقمية تخزن في الحاسوب لتعالج فيما بعد. تختلف المايكروفون عن بعضها بشكل كبير حسب دقة المعلومات ودرجة حساسيتها للصوت.

● الواجهة الرقمية للألات الموسيقية Musical Instrument Digital Interface وهو نظام مصمم لارسال المعلومات بين الانظمة الموسيقية. وبالامكان ربط لوحة المفاتيح الموسيقية بالحاسوب حيث تسمح للمستخدم لتادية العزف الموسيقي المستلم من الحاسوب كسلسلة من النوطات المرتبطة بالتوقيت.

● الكاميرا الرقمية Digital Camera وهي جهاز يربط الى الحاسوب لتسجيل الصور والفديو حيث يحولها الى قيم رقمية تخزن في الحاسوب لتعالج فيما بعد. وتختلف الكاميرات الرقمية بشكل كبير فيما بينها حسب المتحسسات المستخدمة ودقة المعلومات وغيرها.

لوحة المفاتيح

الفأر

لوحة اللمس

نقطة التتبع

كرة التتبع

المقود

شاشة اللمس

قرص الرسومات

الواجهة الرقمية للألات الموسيقية

شكل (4.8) مجموعة من أجهزة الادخال

2. أجهزة الاخراج Output Devices وهي موضحة في الشكل (4.9) ومنها:

- الشاشة الكاثودية Cathode Ray Tube monitor وهي أحدى أجهزة أخراج المعلومات التقليدية في الحواسيب الشخصية. وهذه الشاشة كبيرة الحجم وثقيلة الوزن وتحتاج الى طاقة كهربائية كبيرة نوعا ما ولازالت تستخدم لحد الان لانها تمتاز بالالوان الحقيقية. وللتوافق مع الحاسوب تربط الشاشة من خلال بطاقة الشاشة في أحد المواقع المخصصة لها، وتوجد أنواع مختلفة من هذه الشاشات وبمواصفات مختلفة.
- العارضة المسطحة Flat panel Monitor وهذا النوع من العارضات يستخدم شاشة العارض البلوري Liquid Crystal Display لعرض النتائج من الحاسوب. وتحتوي هذه الشاشات على عدة طبقات رقيقة تقوم بأستقطاب الضوء المار من خلالها وهذه بدورها تسيطرعلى نقاط الشاشة وغالبا ما تستخدم في الحواسيب المحمولة ولها مواصفات عالية أفضل من سابقتها.
- الطابعة الحبرية Ink Jet Printer وهي الطابعة الاكثر شيوعا للأستخدامات المنزلية. تكُون هذه الطابعات الصورة بواسطة رش قطرات صغيرة جدا من الحبر من خلال الرأس الطباعي، ومنها الملونة حيث تحتاج الى عدة ألوان من الحبر لجعل الصورة ملونة، ومن أنواعها ذات المواصفات الجيدة وهي الانواع الضوئية.
- الطابعة الليزرية Laser Printer تمتاز هذه الطابعة بطباعتها الجيدة وصورها الممتازة وهي تستخدم نفس تقنية أجهزة الاستنساخ. وتكون الاسطوانة مغطاة بمادة متحسسة للضوء حيث تشحن ثم تكتب الصورة عليها بواسطة الليزر وتعمل على فقدان الشحنة في تلك المناطق. وتدورالاسطوانة بعدها خلال الحبر حيث تجذب ذراته الى المناطق المشحونة من الاسطوانة ثم يودع الحبر على الورقة ومن ثم تمرر الورقة على الحرارة لتثبيت الحبر عليها.
- أخراج الصوت Sound Output بأمكان الحواسيب أخراج الصوت الذي يتراوح مداه من الانذار البسيط الى التأثيرات الصوتية للألعاب والى الموسيقى، ولعمل

ذلـك نحتـاج الى بطاقـة الصـوت التـي تـربط مـع الحاسـوب حيـث تكُـون الصـوت بمواصفات جيدة.

الشاشة الكاثودية

الشاشة الكاثودية الملونة

الشاشة المسطحة

الطابعة النقطية

الطابعة الحبرية

الطابعة الليزرية

الشاشة البلورية

مكبر الصوت

بطاقة الصوت

شكل (4.9) مجموعة من أجهزة الاخراج

Memory الذاكرة

Memory is the ability to retain data for a period of time, short or long. This data can be of a complexity including imagery, sounds, sensations, smells and other sensations like human memory, or it can be predetermined data as in computer memory. One of the differences between human and machine memory is that we can program and access machine memory through the use of software, but we cannot access human memory in the same straightforward manner.

Case Study: In order to enable computers to work faster, there are several types of memory available today. Within a single computer there is no longer just one type of memory. Because the types of memory relate to speed, it is important to understand the differences when comparing the components of a computer.

الذاكرة هي القابلية لخزن البيانات بمختلف أنواعها لوقت معين كذاكرة الانسان وذاكرة الحاسوب، والفرق بينها هو أن ذاكرة الحاسوب بالامكان برمجتها والتعامل معها لنقل البيانات وتحديثها وغير ذلك وهذا غير ممكن بالنسبة الى ذاكرة الانسان. وذاكرة الحاسوب هو المكان الذي تخزن فيه البرامج والبيانات عندما يكونا في حالة عمل وسوف نستعرض بعض أنواع الذاكرات المستخدمة في الحواسيب الصغيرة وكما هي مبينة في الشكل (4.10):

1. الذاكرة العشوائية Random Access Memory (RAM) وهي الذاكرة الرئيسية في الحاسوب ووجدت في بدايات تصنيع الحاسوب وهي ذاكرة القراءة والكتابة ويرتبط وجود المعلومات فيها على وجود الكهرباء فأذا أنقطعت أو أطفئ الجهاز فأن المعلومات تزول أي أن المعلومات فيها تكون مؤقتة لذلك يجب خزن المعلومات

بأستمرار. والذاكرة العشوائية هـي فضاء العمـل workspace للحاسوب فكلـما كـبرت قيمتها فأنه بالامكان فتح برامج بشكل أكبر، وتقـاس سـعتها بالبايت أو الكيلوبايت أو الميكابايت أو الكيكابايت. وهنـاك أنواع عديـدة مـن الـذاكرة العشوائية منها الـذاكرة العشـوائية الديناميكيـة المتزامنـة (SDRAM) synchronous dynamic ، والـذاكرة العشوائية الديناميكيـة الناقلـة Rambus dynamic RDRAM، والـذاكرة العشوائية المضاعفة (SDRAM).

2. الـذاكرة الافتراضية Virtual Memory بمـا أن الـذاكرة العشـوائية غـير كافيـة ولايمكـن أستخدامها لتشغيل أكثر من تطبيق في نفس الوقت، لـذا فبأمكانهـا الـذاكرة الأفتراضية أجتياز هذا الحاجز، وهذا ما هو موجود في نظم التشغيل الحديثة. فـأذا كانت العمليـة غـير ملائمـة للـذاكرة العشـوائية فـأن نظـام التشغيل بأمكانـه أن يبـدل البيانـات غـير المستعملة الى القرص الصلب حيث تبدل في بيانات مطلوبة وذلك عـلى حسـاب السرعـة لان القرص الصلب جهاز ميكانيكي بطيء مقارنة بالخزن الالكتروني. والسؤال الذي يطرح نفسه هنا ماذا يجـب أن تعمـل للتخلص مـن هـذه المشكلة أي التغلـب عـلى السرعـة البطيئة؟

3. ذاكرة القراءة فقط Read Only Memory (ROM) حيث أنها موجودة على اللـوح الام في الحاسوب، ولاتحتاج الى طاقة لقراءة محتوياتها لـذا فهي المكان الـذي تخزن فيه البرامج التي يحتاجها نظام الحاسوب لكي يعمل أو يشتغل. وعندما يشغل الحاسوب فأن البرنامج المخزون في ذاكرة القراءة يُحول الى المعالج لكي يقـوم بالمراقبـة والسيطرة ليجـد هل كل شيء يعمل على ما يرام، ومن ثم يبحث عن وحدة الخزن التي يمكن أن ينسـخ بها نظام التشغيل حيث ينقل الجزء الاول من نظام التشغيل الى الذاكرة العشوائية الذي بدوره يتسلم السيطرة لانهاء عملية التشغيل.

4. الذاكرة شبه الدائمة CMOS Memory وهي كمية صغيرة مـن الـذاكرة شبه الدائمـة وقد أستخدمت تقنية أشباه الموصلات CMOS في تصنيعها لانها تحتاج الى طاقـة قليلة جدا حيث أصبحت هذه التقنية الان تستخدم في تصنيع أنواع الذاكرة المختلفة. وتستخدم لخزن البيانات المتغيرة وهذه تحتاج لان تكون فاعلة عند أطفاء الحاسوب

لذا فأنه توجد بطارية صغيرة على اللوح الام في الحاسوب تبقي هـذه الـذاكرة فاعلـة عنـد أطفاء الحاسوب.

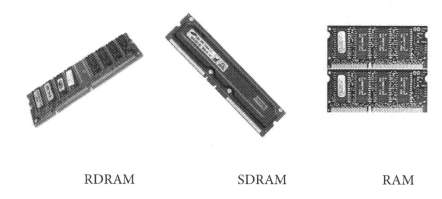

RDRAM   SDRAM   RAM

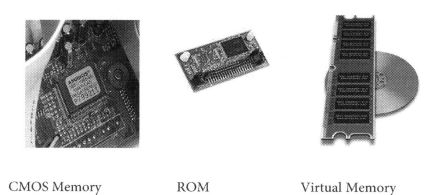

CMOS Memory   ROM   Virtual Memory

شكل (4.10) أنواع مختلفة من الذاكرة

كيف يمكنك أن تحدد كم قيمة الذاكرة العشوائية التي تحتاجها في جهاز حاسوبك؟

للأجابة على هذا السؤال بدقة يجب معرفة كيف وما هو الغرض من أستخدامك للحاسوب وماهي التطبيقات التي تستخدمها وكم منها تحتاج العمل بها معا حيث سيقودنا هذا كله الى تصنيف المستخدمين الى عدة فئات هي:

1. المستخدم الحديث حيث يستخدم الحاسوب للأعمال البسيطة كمعالج النصوص والبريد الالكتروني وما الى ذلك وهنا يحتاج الى أستخدام ذاكرة بسعة 128 ميكابايت.

2. المستخدم الاساسي حيث يستخدم الحاسوب لتطبيقات الانترنت ويستخدم معالج النصوص مع تطبيقات أخرى وهنا يحتاج الى أستخدام ذاكرة بسعة 256 ميكابايت.

3. المستخدم المحترف حيث يستخدم الحاسوب لادارة تطبيقات العمل المتعددة والالعاب الفديوية مع الرسومات وهنا يحتاج الى أستخدام ذاكرة بسعة 256 ميكابايت.

4. المستخدم المحترف المتقدم حيث يستخدم الحاسوب للرسومات الدقيقة والصور الرقمية والفديوية وهنا يحتاج الى أستخدام ذاكرة بسعة 512 ميكابايت.

5. المستخدم لتصميم الرسومات المحترف حيث يستخدم الحاسوب لبرامج الرسومات والصور الرقمية والفديوية ليكون محترفا في هذا المجال وهنا يحتاج الى أستخدام ذاكرة بسعة 1 كيكابايت.

أجهزة الخزن Storage Devices

Devices that are not used exclusively for recording (e.g. hands, mouths, musical instruments) and devices that are intermediate in the storing/retrieving process (e.g. eyes, ears, cameras, scanners, microphones, speakers, monitors, projectors) are not usually considered storage devices. Devices that are exclusively for recording (e.g. printers), exclusively for reading (e.g. barcode readers), or devices that process only one form of information (e.g. phonographs) may or may not be considered storage devices. In computing these are known as input/output devices.

وهي الأجهزة والأدوات التي يمكن عن طريقها خزن الوثائق والبيانات على شكل ملفات وكذلك الخوارزميات والبرامج التي في طريقها إلى التنفيذ عندما تكون هذه البيانات والمعلومات غير مستعملة ويراد تخزينها. ومن موصفات هذه الأجهزة أنها لا تحتاج إلى طاقة للحفاظ على المعلومات حيث أنها لا تزول بانقطاع الطاقة التي فيها وأنه يمكن استرجاعها بسهولة والشكل (4.11) يوضح عدداً من أنواع أجهزة الخزن المستخدمة.

1. القرص الصلب hard disk يتكون جهاز القرص الصلب من أقراص مصنوعة من معدن ومغطاة بمادة أوكسيد معدني والذي يمكن أن يكون ممغنطاً. ويوجد رأس كهرومغناطيسي صغير جدا يقوم بالقراءة والكتابة في نهاية الذراع حيث يمغنط بقع صغيرة على القرص لخزن البيانات. وهناك عدة عوامل لقياس قدرة الأقراص الصلبة، منها قدرتها على الخزن بالميكابايت أو الكيكابايت (Mb, Gb) وبعدد دورات القرص الصلب في الدقيقة (RPM) وكذلك زمن الوصول (Average Access Time) وتقاس بواحد من ألف من الثانية (ms) وتعطي معدل استرجاع البيانات من القرص الصلب. وتستخدم حواسيب اليوم مواصفات عالية من الأقراص الممغنطة ويصل خزنها إلى 200 كيكابايت .

2. القرص المرن floppy diskette حيث يمتاز بسهولة نقله والحفاظ على البيانات التي يحملها، ويتكون من مادة بلاستيكية مرنة مغطاة بأوكسيد معدني قابل للتمغنط. هناك أنواع مختلفة من الأقراص المرنة ومنها نوعان رئيسيان، النوع الأول يكون قياسه "5.25 وهو النوع القديم والذي تكون سعته 360 كيلوبايت أو 720 كيلوبايت وإما النوع الحديث فأن قياسه هو "3.5 والذي تكون سعته 1.44 ميكابايت ويوجد حول القرص المرن ظرف بلاستيكي لحماية القرص من التلف أو الغبار.

3. القرص المضغوط Zip disk وهو مماثل في الحجم للقرص المرن ويمتاز بسهولة نقله، ولكنه أكثر سماكةً وتركيبه أقوى حيث يسمح بخزن كمية أكبر من البيانات تصل إلى 750 ميكابايت في الأنواع الحديثة.

4. ذاكـرة الفـلاش عـبر ناقـل التـوالي USB (Universal Serial Bus) Flash Drive وهـي ذاكرة متنقلة وتربط مباشرة عبر ناقل التـوالي للحاسـوب وكانـت بدايـة تصـنيعها عـام 2000 لتعوض عـن الاقـراص بأنواعهـا وتمتـاز بقـدرة الخـزن العاليـة أضـافة الى سـهولة التعامـل معهـا ونقلهـا. وتخـزن هـذه الـذاكرة البيانـات عـلى رقاقـة صـغيرة تسـمى Electrically Erasable Programmable Read-Only Memory (EEPROM) حيث بالامكان أستخدامها للقراءة والكتابة بعدد كبير جدا من المرات. وتختلـف سـعة الخزن فيها لتصل إلى 8 ميكابايت.

5. بطاقة الذاكرة الفلاش Flash Memory Cards وهي نفس نوع ذاكرة الفلاش حيث أنهـا موجـودة في بطاقـات فـلاش وهـذه البطاقـات تسـتخدم في أجهـزة Personal data assistants (PDAs) والكـاميرات الرقميـة وكثـير مـن الاجهـزة الرقميـة، ولهـا سـعات تخزينية مختلف تصل الى عدة كيكابايت.

6. قـرص الـذاكرة المـدمج **CD-ROM (Compact Disc Read Only Memory)** وهـو وسط خزني بصري حيث يدخل الضوء في التعامل مع البيانات الموجـودة بـه ويمكـن أن تصل سعته الى 670 ميكابايت. ومن مميزاته أضافة الى سهولة نقله، وسـعته التخزينيـة العالية أنه رخيص الثمن مقارنة بالاوسـاط التخزينيـة الاخـرى، ويسـتخدم شـعاع ليـزر داخل مشغل الاقراص ليتم التعامل مع البيانات.

7. القرص متعدد الاستعمال الرقمـي DVD-ROM (Digital Versatile Disc) وهـو عبـارة عن وسط تخزيني بصري مشابه لاقراص الذاكرة المدمجة ولكن مع قـدرة خـزن أعـلى . هذه الاقراص تستخدم نقاطاً صغيرة لتسجيل البيانات وان القرص يمكن أن يكون ثنـائي الطبقة وثنائي الوجه حيث أن كل طبقة تستوعب 4.7 كيكابايت لذا فـأن القـرص ثنـائي الطبقة وثنائي الوجة ممكن أن تصل السعة الخزنية فية الى 18 كيكابايت.

Floppy 3.5   external hard disk   hard disk

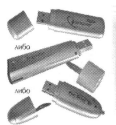  

USB flash drive   zip drive   Floppy 5.25

DVD-ROM   CD-ROM   Flash memory card

شكل (4.11) أشكال مختلفة لاجهزة الخزن

Typical specification for desktop computer system

1. Processor: Intel® Pentium® 4 processor, 3 GHz, with 800 MHz front side bus, 512KB Level 2 Cache.

2. Microsoft® Windows® XP Professional.

3. Memory: 512MB DDR SDRAM at 400 MHz (expandable to 4 GB).

4. Hard drive: 250 GB Serial ATA, 7 ms seek time, 7200 RPM, 512KB cache.

5. Floppy drive: 3.5" 1.44 MB.

6. Optical drive: 12x DVD-ROM / 48x CD-RW combo drive.

7. Expansion slots: 1 AGP and 5 PCI.

8. External ports: Six USB 2.0 (two on front panel), one Parallel, one Serial, two PS/2, and one IEEE 1394.

9. Modem: 56K PCI FAX/modem.

10. Video card: 256MB *RADEON™ 9800* AGP graphics card.

11. Monitor: 17" CRT (16" viewable), 1,024 x 768, .27 dp.

12. Sound card: *Sound Blaster® Audigy™2* card w/*Dolby 5.1* stereo.

13. Speakers: *Bose® B775* surround sound speaker system with subwoofer.

14. Networking: Ethernet 10/100

15. Keyboard: 101-key multi-function keyboard

16. Mouse: *Logitech® MX™ 500* optical mouse with scroll wheel.

17. Case: Tower case with 6 expansion bays (two for internal-only drives).

18. Application Software: Microsoft® Office Professional 2003.

Now write the typical specification for laptop computer system.

Directions: *Answer each of the questions after reading the article above. Write in complete sentences. You must think and be creative with your answers.*

1. In each of the **5 generations** what was the cause for the increase of **speed, power,** or **memory?**
2. Why did the **ENIAC** and other computers like it give off so much **heat?** (Be very specific)
3. What **characteristics** made the **transistors** better than the **vacuum tube?**
4. How was <u>space travel</u> made possible through the invention of transistors?
5. What did the *microprocessor* allow the computers to do? and What was the *microprocessor's* original purpose?
6. When was the **first computer** offered to the public and what was its name?
7. What was **Robert Noyce** and **Jack Kilby** known for?
8. **Intel** was started by who?
9. What is **monolithic integrated circuits?**
10. How do you think society will be different if scientists are able to create a chip that will perform a **trillion** operations in a **single second?**
11. Why the instructions can't be stored in RAM?
12. What is a **USB Flash Drive?**
13. Why do I need a **USB flash drive?**
14. **What are the advantages of USB flash drives?**
15. How secure are **USB flash drives?**
16. What is a **EEPROM?**
17. What is a **Personal data assistant?**
18. What means **56x in the CD-ROM?**
19. List some types of **digital cameras** and their specifications.
20. What are the difference between CD-ROM and DVD –ROM?

Multiple choice questions

1. Which of these is not a microcomputer?
   a) mainframe
   b) desktop
   c) laptop
   d) handheld PC

2. The first general purpose computer that could be programmed was the
   a) ENIAC
   b) IBM PC
   c) Altair
   d) HOOVERVAC

3. The first microprocessor chip was developed by
   a) Intel
   b) IBM
   c) Apple
   d) Motorola

4. A personal computer is a
   a) microcomputer
   b) terminal
   c) Personal Digital Assistant
   d) mainframe

5. Which of these is not designed to be portable?
   a) minicomputer
   b) notebook computer
   c) PDA
   d) laptop computer

6. Which of these would NOT be classified as system software
   a) Microsoft Word
   b) Microsoft Windows
   c) device drivers
   d) hard disk recovery utility

7. Which of these would NOT be classified as application software?

    a) Macintosh OS X

    b) Microsoft Excel

    c) Microsoft Access

    d) Adobe Photoshop

8. If your computer reports that a file has a size of one kilobyte, then how much space it is using?

    a) 1,024 bytes

    b) 8 bytes

    c) 1,048,576 bytes

    d) exactly 1,000 bytes

9. The code used to store letters in the form of numbers in a computer.

    a) ASCII

    b) ROM code

    c) PCMCIA

    d) SCSI

10. Which component are you unlikely to find as part of a motherboard?

    a) CD-ROM

    b) ROM

    c) CPU

    d) CMOS memory

11. A computer must be capable of doing all of these things except...

    a) electrolyze data

    b) output data

    c) process data

    d) store data

12. Which of these is not an output device?

    a) microphone

    b) monitor

    c) laser printer

    d) LCD display

13. Which of these is a pointing device?

    a) touch pad
    b) laser printer
    c) data bus
    d) decimal point

14. You could measure a microprocessor's clock speed in...

    a) gigahertz
    b) gigabytes
    c) AvisHertz
    d) bits per second

15. CPU stands for:

    a) Central Processing Unit
    b) Computation Procedure Unit
    c) Chip Production Utility
    d) Computer Programmers Union

16. Which of these is volatile?

    b) RAM
    a) ROM
    c) PRAM
    d) BIOS

17. Which type of memory holds data that does not change?

    a) ROM
    b) RAM
    c) ASCII
    d) CMOS

18. A CD-ROM can hold approximately

    a) 670 megabytes
    b) 1.44 megabytes
    c) 250 gigabytes
    d) 1.44 gigabytes

19. This device stores data by magnetizing tiny spots on a metal disk.

    a) hard disk drive
    b) CD-ROM disk drive

c) USB Flash Drive

d) DVD disc drive

20. Which of these can a personal computer NOT write data on?

a) CD-ROM

b) hard disk

c) Zip disk

d) CD-RW

Chapter Five

المعدات البرمجية لتكنولوجيا المعلومات

Information Technology Software

Learning objectives

1. Identify the core components of computer software.

2. Understanding the historical development of computer software.

3. Understanding the evolution of computer languages and their generations.

4. Identify system software and application software.

5. Understanding open source software.

5.1 مقدمة Introduction

The term "software" as an instruction-procedural programming source for scheduling instruction streams according to the **Von Neumann** machine paradigm should not be confused with **Configware** and **Flowware**, which are programming sources for configuring the resources and for scheduling the data streams of the **Anti machine** paradigm of **Reconfigurable Computing** systems.

المعدات المادية أو البرمجيات (software) مصطلح قديم ظهر مع بدايات ظهور الحواسيب القديمة ويتضمن كل ما هو معني بالاوامر والاجراءات البرمجية والتي تستخدم لجدولة الاوامر تبعا لماكنة فون نيومان. وهذا يعني أن المفهوم البسيط للبرمجيات يعني مجموعة من الاوامر التي تكتب بواسطة المبرمج لعمل التوافق بين الانسان والماكنة أو الحاسوب. هذا المفهوم البسيط للبرامج والبرمجيات بدأ يتوسع شيئا فشيئا ليشمل مدى أوسع وأشمل وخصوصا للتطور الذي رافق الحواسيب من حيث المعدات المادية والمعدات البرمجية. والمفهوم العام للبرمجيات هو تعبير عام للمجموعات المنظمة من البيانات وأوامر الحاسوب. وبشكل عام تقسم البرمجيات الى صنفين رئيسين هما برمجيات النظام التي تقوم بأداء الوظائف أو المهام الاساسية غير التطبيقية للحاسوب والصنف الثاني هو البرمجيات التطبيقية التي يتم التعامل معها من قبل المستخدمين لاداء وأنجاز مهام معينة.

المرونة ورخص الثمن يعدان من أهم المميزات التي تمتاز بها المعدات البرمجية مقارنة بالمعدات المادية التي تمتاز بأرتفاع سعرها أضافة الي قلة المرونة في التعامل معها ولكنها تمتاز بسرعة معالجة البيانات. لذا فأن الدمج بين المعدات المادية والمعدات البرمجية في جهاز الحاسوب أضفى علية مميزات الاثنين معا مما سهل عليه طريق الانتشار السريع والاستخدامات الواسعة في مختلف المجالات.

Vacuum tube-based computers were in use throughout the 1950s, but were largely replaced in the 1960s by transistor-based devices, which were smaller, faster, cheaper, used less power and were more reliable. By the 1970s, the adoption of integrated circuit technology and the subsequent creation of microprocessors such as the Intel 4004 caused another leap in size, speed, cost and reliability.

البرمجيات حديثة العهد بمفهومها الجديد وتطورها السـريع وهـي كـذلك تمتـد الى تأريخ قديم حيث كانت البدايات منذ مئات السنين. وفيما يـلي بعـض التسلسـل التـأريخي للبرمجة والبرمجيات:

1. قدم العالم الرياضي الانكليـزي تشـارلز باباج (Charles Babbage) في عـام 1837 مفهومـاً تصورياً وتصميمياً للحاسوب الميكانيكي المبرمج الذي أطلق عليه أنذاك الماكنـة التحليلية والتي لم تبن في حينه لظروف مالية.

2. قدم العالم الأحصائي الامريكي هيرمـان هوليـث (Herman Hollerith) ماكنـة معالجـة البيانات الواسعة بأستخدام البطاقات المثقبة التي أستخدمت في الاحصـاء السـكاني لعـام 1890 والتـي صـنعت مـن قبـل شركـة Computing Tabulating Recording Corporation والتي أصبحت IBM لاحقا.

3. عند نهاية القرن التاسع عشر تم أكتشاف عدد من التقنيات التي أصبح لها دور في الاسهام في تحقيق الحواسيب التطبيقية ومنها البطاقة المثقبة والجبر المنطقي والصمام المفرغ والطابعة المبرقة وغيرها من التقنيات.

4. أثناء النصف الاول من القرن العشرين رافق الاحتياج الى العديد مـن الحواسيب العلمية زيـادة في الحواسـيب التماثليـة المتطـورة (sophisticated analog computers) والتـي تعتمد في الحسابات على الاساس الميكانيكي أو الكهربائي وعلى أي حال فأن هذه

الحواسيب ليست لها القابلية على البرمجة وأفتقرت الى تعددية الاستعمال والى الدقة التي تتميز بها الحواسيب الرقمية.

5. النجاح في تصميم وبناء حواسيب أكثر قوة ومرونة في الثلاثينيات والاربعينيات وذلك بأضافة خواص ومميزات جديدة. وهذا ما نراه في الحواسيب الحديثة اليوم. ويعد إستخدام الالكترونيات الرقمية الذي أكتشف من قبل المهندس الكهربائي الامريكي شانون (Claude Elwood Shannon) عام 1937 والمرونة في البرمجة أثر كبير وخطوات مهمة في هذا الطريق.

5.3 تطور برمجة الحاسوب Evolution of Computer Programming

A **programming language** is an artificial language that can be used to control the behavior of a machine, particularly a computer. Programming languages, like human languages, are defined through the use of syntactic and semantic rules, to determine structure and meaning respectively.

منذ ظهور الحواسيب وأنتشار تطبيقاتها الواسعة في أوائل الخمسينيات الى يومنا ظهرت وأنتشرت معها برمجيات مختلفة لتساعدها في العمل. وبما أن الحواسيب قسمت الى أجيال مختلفة وحسب الحقب الزمنية فأن اللغات البرمجية كذلك تقسم الى اجيال مختلفة حيث ينتمي كل جيل الى فترة زمنية معينة ويحمل خواصاً وصفات متشابهة. ولقد أختلفت أجيال اللغات البرمجية من لغات الماكنة التي تتعامل مع الالة مباشرة الى لغات المستوى العالي التي تتعامل مع القيود المفهومة ومن هذه الاجيال:

1. الجيل الاول للغة البرمجة First-generation programming language (1GL)

أستخدمت هذه اللغة في بداية الخمسينيات (1950s) وهي لغة الماكنة (machine language) أو أوطئ مستوى البرمجة (lowest level language) وأن جميع الاوامر والبيانات هنا تعطى بالصفر والواحد وهي لاتحتاج الى مترجم (translator) لتجميع البيانات حيث تدخل الاوامر عن طريق مفاتيح الادخال الامامية لنظام الحاسوب ومن أهم

مواصفات هذه اللغة أنها تكتب وتنفذ بشكل كفوء وسريع حيث تنفذ بشكل مباشر من قبل وحدة المعالجة المركزية أضافة الى أن هذه اللغة تنفذ بدون تفاعل مع المستخدم.

2. الجيل الثاني للغة البرمجة Second-generation programming language (2GL)

أستخدمت هذه اللغة في منتصف الخمسينيات وهي لغة التجميع (Assembly language) وهذه اللغة تستخدم الرموز لتمثيل البيانات والاوامر وترتبط هذه اللغة بقوة مع لغة الماكنة ومع الهيكلية الداخلية لنظام الحاسوب وتسمى لغة المستوى الواطئ (low level language) لارتباطها الوثيق بلغة الماكنة. في بادئ الامر أحتوت هذه اللغة على العمليات الحسابية الاساسية ثم تطور الأمر ليشمل وظائف كثيرة وتطبقات واسعة. ومن الجدير بالذكر أن هذه اللغة تكون أسهل للأنسان من ناحية البرمجة مقارنة بلغة الماكنة.

3. الجيل الثالث للغة البرمجة Third-generation programming language (3GL)

أستخدمت هذه اللغة في بداية الستينيات وهي لغة برمجية يكون التعامل بها أسهل مع المستخدم وهي تعتبر بدايات لغة المستوى العالي (high-level language). ومن الامثلة على هذه اللغات هي فورتران وكوبول وباسكال وسي وهي تستخدم لخدمة تطبيقات وأعمال كثيرة. كل لغة من هذه اللغات تحتاج الى مترجم خاص بها لتحويل الاوامر والرموز الى صيغة تكون مفهومة من قبل الماكنة.

4. الجيل الرابع للغة البرمجة forth-generation programming language (4GL)

أستخدمت هذه اللغة في بداية السبعينيات وهي لغة برمجية يكون التعامل بها أسهل مع المستخدم وتقترب أكثر من اللغات الطبيعية وهي تعتبر من لغات المستوى العالي. لقد صممت هذه اللغات لتقلل الجهد والوقت والكلفة لتطوير أو أنتاج البرمجيات ومن هذه اللغات لغات الاستخدام العام ومنها SheerPower4GL و PowerBuilder ومنها كذلك لغات قواعد البيانات ومن الامثلة عليها Informix-4GL و Structured Query Language ومنها كذلك لغات graphical user interface GUI ومن الامثلة عليها OpenEdge Advanced Business Language وMatlab وغير ذلك من اللغات.

5. الجيل الخامس للغة البرمجة fifth-generation programming language (5GL)

أستخدمت هذه اللغة في بداية التسعينيات وهي لغة برمجية يكون التعامل بها أسهل بكثير مع المستخدم وهي تعتمد على برمجة القيود حيث أن العلاقات بين المتغيرات تكون على شكل قيود بدل من الخوارزميات والبرامج. ومن هذه اللغات الجافا ولغات البرمجة المرئية ولغات (net.) ولغات (#) ولغات الموبايل وغيرها.

6. الجيل القادم للغة البرمجة next-generation programming language (NGL)

لو نظرنا الى التطور الذي رافق لغات البرمجة سواء من ناحية البرمجة أو من ناحية قواعد البيانات وظهور لغات تدمج بين الاثنين معا لامكننا ملاحظة أن توجه التطور يدور حول أن الحاسوب يقوم بكافة المهام والعمليات بمجرد أدخال أوامر بسيطة وما أدخلت من برامج في معالجة الصوت والكلام دليل على ذلك فربما يصل الحاسوب الى التعامل مع اللغات الطبيعية بشكل مباشر وهذا يطرح كحالة دراسية للقارئ ليتحرى عن الموضوع.

وفيما يلي المراحل الاساسية لعملية تطوير البرنامج (program development process):

1. تعريف المشكلة problem identification
2. تطوير الخوارزمية algorithm development
3. تحويل الخوارزمية الى منطق مفهوم للحاسوب
conversion of algorithm to computer understandable logic
4. تحضير البرنامج program preparation
5. نقل البرنامج الى الحاسوب keying program into computer
6. تجميع البرنامج program compilation
7. تنفيذ البرنامج مع بيانات أختبار Execution of program with test data
8. تنقيح العملية مع بيانات أختبار Debugging process using test data
9. أستخدام البرنامج مع بيانات حقيقية Use of program with actual data

5.4 برمجيات النظام System Software

System software is responsible for controlling, integrating, and managing the individual hardware components of a computer system so that other software and the users of the system see it as a functional unit without having to be concerned with the low-level details.

برمجيات النظام تسيطر على عمليات الحاسوب وتدير مصادر الحاسوب وتتضمن برمجيات النظام كل من نظام التشغيل وأدوات برمجة الحاسوب. أن الاعمال التي يقوم بأدائها الحاسوب تقع في مجموعة من الطبقات تبدأ من واجهة المستخدم بأستخدام الاوامر من خلال الشاشات والايكونات لعمل تطبيق معين الى أن يصل الى الجزء المادي للحاسوب وكما موضحة في الشكل (5.1).

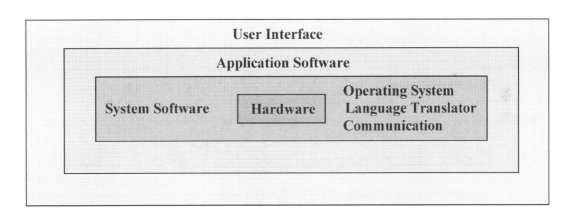

شكل (5.1) طبقات عمل الحاسوب

نظام التشغيل (operating system)

نظام التشغيل يسيطر على تخصيص مصادر الاجهزة كفضاء الـذاكرة ووقـت وحـدة المعالجة المركزية ويسيطر على وحدة الادخال والاخراج لتدفق البيانات مـن وحـدات الخـزن ولوحة المفاتيح وبقية الاجهزة. نظام التشغيل يسمح لـبرامج التطبيق للـدخول علـى مصادر النظام بدون ان تعرف التطبيقات تفاصيل عن المعدات المادية للنظام. نظام التشغيل أغلـب الاحيان يخصص مصادر ووقت معالجة بين عدة بـرامج تنفـذ في نفـس الوقـت والتـي تـدعى تعدد المهام حيث أنها تسـمح للمستخدم للعمـل في مهـام متعـددة في نفـس الوقـت مـثلا بالامكان طباعة البيانات وأستخدام برنامج معالجة النصوص وتنزيل معلومـات مـن الانترنـت كلها تعمل في نفس الوقت حيث أن نظام التشغيل يعمل على تنظيم وقت وحـدة المعالجـة المركزية لاستلام كل هذه المهام والسيطرة عـلى ذلـك والشـكل (5.2) يوضح المهام الأساسـية لنظام التشغيل. نظام التشغـيل كـذلك يتضمن برمجيات تجهـز المستخدم ببيئـة تشغيل (operating environment) للتفاعل مع الحاسوب وأن بيئـة التشغيل أمـا أن تكـون بـأمر التوافق الخطي (command-line interface) والذي يسـمح للتفاعل مـع الحاسوب عـن طريق كتابة الاوامر كنظام التشغيل MS-DOS أو توافق المستخدم التخطيطي (graphical user interface) والذي يسمح للتفاعل مع الحاسوب عن طريق الفـأر أو الشاشـات كنظـام التشغيل وندوز windows. معظم الحواسيب اليوم تستخدم أنظمة التشغيل وينـدوز كبيئـة تشغيل لها علما أن وينـدوز 95 صـعودا هـو عبـارة عـن نظـام تشـغيل وأن عـدداً أخـر مـن الحواسـيب يستخدم أنظمـة التشغيل Unix و Linux في العمـل أضـافة الى وجـود أنظمـة تشغيل أخرى.

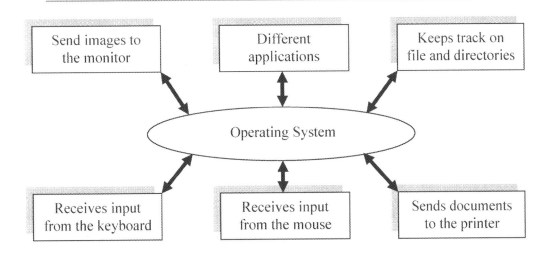

شكل (5.2) عمل نظام التشغيل بين التطبيقات والحاسوب والملحقات الاخرى

سائق الجهاز (device driver)

تحتوي برمجيا ت النظام أيضا على البرنامج المطلوب للدخول عندما يربط جهاز خارجي أو أضافي الى الحاسوب وهذا البرنامج يدعى سائق الجهاز (وغالبا ما يجهز على شكل CD مع الحاسوب) ويسيطر على الوحدة الملحقة. سائق الجهاز يجب أن يتم تنصيبه عند أضافة أي جهاز جديد الى الحاسوب ويتم ذلك ربما مباشرة مع نظام التشغيل أو من القرص المدمج الخاص به وكذلك بالامكان تنزيله عن طريق الانترنت.

برمجيات الامن (security software)

تحتوي برمجيا ت النظام أيضا على برنامج الأمن كمدقق الفايروس (virus checker) وبرامج الحماية (firewalls). يقوم مدقق الفايروس بتفتيش الملفات بحثا عن البرامج الضارة فعلا مثل الفايروسات والديدان وحصن طروادة وغيرها ولتأمين القرص الصلب من البرامج الضارة يتم تفتيش كل البرامج والملفات والرسائل التي تنزل الى

الحاسوب وبشكل مستمر. أما برامج الحماية firewalls أو البرامج المشابهة فتقوم بحماية الحاسوب من الاشخاص غير المخولين بالدخول الى الشبكة.

البرامج المرفقة (Utilities)

هذه البرامج تقوم بأداء مهام معينة جدا ودائما تكون ذات علاقة بمصادر أدارة النظام كمشغل القرص الصلب والطابعة وغيرها. على خلاف البرامج التطبيقة فأن البرامج المرفقة تميل لتكون أصغر في الحجم وتؤدي نشاطات متعلقة بنظام الحاسوب مثلا التفتيش عن الفايروسات وتفتيش أماكن الخطأ في القرص وغيرها. بعض البرامج المرفقة تكون برامج ساكنة في الذاكرة وتحمل على الذاكرة الرئيسية وتعمل في الخلف.

أدوات لكتابة البرامج (Tools to write programs)

تحتوي برمجيا ت النظام أيضا على أدوات لكتابة البرامج الاخرى ومنها compilers و assemblers و debuggers لمختلف اللغات البرمجية حيث أن لغات البرمجة تسمح للمستخدم لكتابة الاوامر والايعازات بلغة تكون مفهومة للأنسان والتي تحول فيما بعد على رموز رقمية حيث يستطيع معالج الحاسوب تنفيذها.

Case study: **Unix** is a computer operating system originally developed in the 1960s and 1970s by a group of AT&T employees at Bell Labs including Ken Thompson, Dennis Ritchie and Douglas McIlroy. UNIX is an operating system which was first developed in the 1960s, and has been under constant development ever since. By operating system, we mean the suite of programs which make the computer work. It is a stable, multi-user, multi-tasking system for servers, desktops and laptops.

Unix operating systems are widely used in both servers and workstations. The Unix environment and the client-server program model were essential elements in the development of the Internet and the reshaping of computing as centered in networks rather than in individual computers.

Both Unix and the C programming language were developed by AT&T and distributed to government and academic institutions, causing both to be ported to a wider variety of machine families than any other operating system. As a result, Unix became synonymous with "open systems".

UNIX systems also have a graphical user interface (GUI) similar to Microsoft Windows which provides an easy to use environment. However, knowledge of UNIX is required for operations which aren't covered by a graphical program, or for when there is no windows interface available, for example, in a telnet session.

Everything in UNIX is either a file or a process. A process is an executing program identified by a unique PID (process identifier).

A file is a collection of data. They are created by users using text editors, running compilers etc.

All the files are grouped together in the directory structure. The file-system is arranged in a hierarchical structure, like an inverted tree. The top of the hierarchy is traditionally called **root**.

Case study: Try to write the historical evolution of Microsoft windows starting from 1985 under DOS then try to track the evolution of this software considering specifications and performances of each step. Also includes **Windows Server 2008** which is the name of the next server operating system from Microsoft.

5.5 برمجيات التطبيق — Application Software

Application software is a subclass of computer software that employs the capabilities of a computer directly to a task that the user wishes to perform. Typical examples of software applications are word processors, spreadsheets, and media players.

تكُون برمجيات التطبيق مع برمجيات النظام المكونات الرئيسة للبرمجيات التي يتضمنها الحاسوب. برمجيات التطبيق تعمل على قمة نظام التشغيل وتسمح للمستخدم أداء مهمة معينة كمعالجة النصوص وقواعد البيانلت والبريد الالكتروني وغيرها من التطبيقات وجميع هذه المعلومات يمكن التعامل معها وخزنها في ملفات وكذلك بالامكان عرضها على الشاشة أو كذلك بالامكان أرسالها الى مكان أخر. التطبيقات تكون مخزونة على جهاز الحاسوب على شكل ملفات قابلة للتنفيذ (executable files) أما الوثائق بما فيها البيانات والمعلومات فتكون مخزونة على شكل ملفات بيانات (data files). ومن التطبيقات الشائعة الاستخدام في الحاسوب الشخصي هي:

1. معالج النصوص (word processor) مثل مايكروسوفت ورد والذي يتضمن كتابة النص والرسومات والطباعة والنقل واللصق والتصحيح الاملائي والقواعدي .
2. معالج الجداول (spreadsheet processor) مثل مايكروسوفت أكسل والذي يسمح للمستخدم بأجراء العمليات الحسابية العددية والمخططات للنتائج المحسوبة.

3. معـالج أدارة قواعـد البيانـات (Database management) مثـل مايكروسـوفت أكسـس والذي يسمح للمستخدم بمعالجة كميات كبيرة من المعلومات وأسـترجاع أي جـزء منهـا عند الحاجة.

4. برنـامج التقـديم (Presentation software) مثـل مايكوسـوفت بـور بوينـت (power point) والذي يستخدم لعمل شرائـح العـرض والـذي يحتـوي عـلى نصـوص ورسـومات وتأثيرات صوتية وبصرية.

5. برنـامج الرسـومات (Graphics software) مثـل الادوبي (Adobe Photoshop) والـذي يستخدم لايجاد صور الاوساط الرقمية أو أضافة الصـور مـن الماسـح الضـوئي أو الكـاميرا الرقمية.

6. وهنلك تطبيقات كثيرة بأمكانك التعرف عليها من الحاسوب الشخصي بملاحظـة تطبيقـات ماكروسوفت (Microsoft) أو غيرها من التطبيقات.

5.6 البرامج كخدمة Software as a Service

Software as a service (SaaS) is a software application delivery model where a software vendor develops a web-native software application and hosts and operates (either independently or through a third-party) the application for use by its customers over the Internet.

البرامج بدأت تستخدم كخدمة في بداية سنة 2000 وهي عبارة عن بـرامج تطبيقيـة على شكل برامج تسليم حيث أن بـائع البـرامج يطـور تطبيـق برنـامج عـلى الويـب ويضـيف ويشغل التطبيق للاستخدام من قبل الزبائن على الانترنت حيث أن الزبـون يـدفع لاسـتخدام البرنامج لا لامتلاكه وتستخدم هذه البرامج وصلة برامج التطبيـق (Application program interface-API) للوصول الى الويب حيث بدأت في الاونة الاخيرة تعوض عـن مـزود خدمـة التطبيق (Application service provider-ASP).

هذه البرامج لها علاقة كبيرة مع برامج الاعمال وهي طريقة سهلة وغير مكلفة للأعمال للحصول عن نفس الفوائد التجارية التي يتم الحصول عليها من البرامج الداخلية أي المنصبة على الحاسوب حيث أن هذه البرامج على الويب الموجهة الى المستهلك تدعى بالويب 2.

وهذه البرامج نمت وتطورت بشكل كبير ويعزى لعدة عوامل:

1. كل شخص يملك حاسوب بأمكانه الدخول وتعلم التطبيقات الخارجية بدون أن يحتفظ بها.
2. الحواسيب نفسها هي سلعة حيث قديما كانت الحواسيب الكبيرة فائدة أسترتيجية أما اليوم فالتطبيقات ظهرت كنظرة أسترتيجية.
3. التطبيقا ت القياسية حيث يقضى أكثر الناس أغلب وقتهم بأستخدام التطبيقا ت القياسية فبأمكانهم العمل بكفاءة على هذه التطبيقات وفي أي نظام ومن أي مكان وهذا واضح مثلا من أستخدام التقويم الموجود على الانترنت.
4. تطبيقات بارمترية صالحة للأستخدام حيث قديما كانت الطريقة الوحيدة لتغيير تدفق العمل بتعديل الرموز أما التطبيقات الحديثة وخصوصا ما موجود منها على الانترنت يمكن أن تتكون من بارمترات ومختصرات.
5. مجهز البرامج المتخصص يمكن أن يستهدف السوق العالمية فمثلا الشركة التي تعمل في بناء برامج لادارة الموارد البشرية تجد صعوبة في أيجاد سوق لبيع تطبيقاتها لكن أستضافة التطبيق يمكن أن يصل الى كامل السوق فورا.
6. موثوقية العمل في أنظمة الويب حيث أن أغلب الناس يرغبون في أستعمال الانترنت العام ونقل وتبادل المعلومات عبر الانترنت وفي أيصال وظائف العمل الى المستخدمين.
7. سرية البيانات هي كافية وذات ثقة وكذلك يمكن الوصول الى التطبيقات بسهولة وبدون تعقيدات.

8. توفير التقنية حيث أن منظمة البيانات العالمية (-International Data Corporation IDC) والمهتمة في تطوير التكنولوجيا سمحت للبائعين ببناء سريع لهذه التطبيقات.

9. سعة الشبكة الواسعة (WAN) توسعت بشكل كبير أضافة الى تطوير نوعية الخدمات وهذا ما جذب الناس والشركات لدخول المواقع البعيدة بكل ثقة ضمن السرع المقبولة والكلف القليلة.

5.7 لغة الترميز Markup language

> A **markup language** provides a way to combine a text and extra information about it. The extra information, including structure, layout, or other information, is expressed using ***markup***, which is typically intermingled with the primary text.

لغة الترميز وهي التي تستخدم في أنشاء صفحات الانترنت وهي ليست كبقية لغات البرمجة الاخرى وكذلك لا تحتاج الى مترجم وهي غير مرتبطة بنظام تشغيل معين ويتم تفسيرها وتنفيذها من قبل متصفح الانترنت. البدايات كانت في السبعينيات ولكن أول لغة بهذا الاتجاه تم تسجيلها قياسيا في عام 1986 هي لغة الترميز العامة القياسية (Standard Generalized Markup Language) أما أفضل مثال على ذلك فهو لغة HTML أو Hypertext Markup Language وبداياتها كانت في سنة 1989 حيث قدم العالمان برنر (Berner) وروبرت (Robert) مشروعين منفصلين حول أستخدام لغة الترميز في الانترنت وتم تطبيق ذلك في عام 1990 وأن أول أصدار HTML صدر في عام 1992. تتكون هذه اللغة من رموز محصورة بين أزواج من علامة الاكبر من جهة اليسار وعلامة الاصغر من جهة اليمين > < . لغة النماذج الحقيقية الافتراضية والتي تزود مواصفات لعرض الاجسام ثلاثية الابعاد على الويب وهي مكافئة للغة الترميز ثلاثية الابعاد.

هناك عدد من الاشخاص بينهم جون تيم جيمس وسبربرك عملوا على لغة الترميز الموسعة eXtensible Markup Language (XML) في العامين 1996 و 1997 وبعد ذلك أي في عام 1998 تم تصديق أتحاد نظام الشبكة العالمية (W3C World Wide Web Consortium) على ذلك حيث ظهر أول أصدار XML. لقد أصبحت هذه اللغة أكثر أهمية من لغة HTML لانها تمتاز بالمرونة والمعلومات المهيكلة وتعدد مهام العمل بها حيث أوجدت لتسهيل مهمة تبادل المعلومات عبر تطبيقات الويب وهي لغة موحدة وقياسية لتمثيل النصوص. والان توجد أعداد هائلة من اللغات والادوات والتطبيقات التي تستخدم XML. تطبق HTML و XML لغة الترميز فبينما يقوم HTML بأبلاغ متصفح اليب كيف يعرض المكونات المختلفة على صفحة الويب فأن XML يعرف طبيعة البيانات ذات العلاقة.

5.8 برمجة لغة الكينونات   Object Oriented Programming language

> Object-oriented programming's roots reach all the way back to the 1960s but it developed as the dominant programming methodology during the mid-1990s, largely due to the influence of C++.

جذور البرمجة بلغة الكينونات تمتد قدیما الى الستينيات وقد تطورت شيئا فشيئا الى أن أصبحت طريقة البرمجة المسيطرة على بقية اللغات وذلك في منتصف التسعينيات علما بأن هذه اللغة تقع بين الجيلين الثالث (الاجرائي) والرابع (الغير الاجرائي) ومن الامثلة عليها ++C و Java و Visual Basic و #C وغيرها من اللغات وتمتاز هذه اللغات بما يلي:

1. من أهم المواصفات للغات الكينونات هي الوضوح والتنظيم.
2. سهولة قراءة البرامج وأجراء التعديلات المناسبة.
3. تركيب البيانات يكون هنا عبارة عن كيانا (object) يحتوي على البيانات والوظائف.

4. المبرمجون يمكنهم أن ينشئوا علاقات بين كيان وأخر.
5. بأمكان المبرمجين خلق نماذج ليسوا في حاجة الى تغييرها عند أضافة نوع كيان جديد.
6. المبرمج يمكن أن ينشئ كياناً جديداً يرث العديد من ميزاته من الكيانات الموجودة وهذا يجعل البرامج سهلة التعديل.
7. برمجة الكيانات تحل بعض من المشاكل التي يصادفها المبرمج في التقنيات الاخرى.

فلو أخذنا لغة الجافا كمثال على برمجة الكينونات فأنها تعتبر من اللغات المهمة والتي كانت تطورا للغة السي وقد جاءت لغة جافا في ثلاث نكهات هي:

1. تطبقات منفردة stand alone applications

وهي البرامج التي يمكن تطبيقها وتنفيذها على جهاز الحاسوب مباشرة.

2. البرامج المحدودة applets

وهي البرامج التي تنزل من الويب وتنفذ على متصفح الويب وهي أولى التطبيقات على الانترنت.

3. برامج الخدمة servlets

وقد تم أيجادها كطريقة متنقلة لتزويد المستخدم بطريقة ديناميكية حيث تؤدي الى توسيع وظائف الويب.

5.9 البرامج مفتوحة المصدر Open Source Software

Open source software is computer software whose source code is available under a license (or arrangement such as the public domain) that permits users to use, change, and improve the software, and to redistribute it in modified or unmodified form. It is often developed in a public, collaborative manner. The aim of open source is to let the product be more understandable, modifiable, duplicatable, reliable or simply accessible, while it is still marketable.

الكم الاكبر من برامج الاعمال والاشخاص هي ذات ملكية أي أن البرنامج قد تم تطويره وهو مهيأ للربح حيث أن مطوري البرامج ذات الملكية (proprietary software) لا يظهرون الملفات الاصلية أو برامج المصدر الى عامة الناس وأن المطورين يملكون حقوق الملكية لهذه البرامج وفي أغلب الحالات لا تملك نسخاً للتطبيقات التي أشتريتها بل أنك أشتريت رخصة لاستخدام هذه التطبيقات. المصدر المفتوح هو مجموعة المبادئ والممارسات التي تـروج للوصـول الى الهـدف وعملية التصميم لمختلف مصادر السلع والمنتجات والاستنتاجات التقنية والنصائح وهذا التعبير يطبق بشكل شائع على البرامج المتاحة لعامة الناس بدون قيود الملكية الفكرية وهذا يسمح للمستخدم خلق برامج عن طريق الجهد الفردي أو التعاوني. بداية حركة البرامج المجانية أطلـق في عـام 1983، أمـا في عـام 1998 فـأن مجموعة من الافراد دعـت الى أستبدال تعبيـر البـرامج المجانية الى تعبير البـرامج مفتوحة المصدر (open source software - OSS) حيث يكون التعبير واضحا ومقبول مـن قبل الشركات العالمية. مطورو البرامج يريدون نشر برامجهم لتكون برامج مفتوحة المصدر لـذلك فأن أي شخص بأمكانه تطوير وفهم كيف تعمل هذه البرامج. البرامج مفتوحة المصدر تسمح بشكل عام لاي شخص بالحصول على ملفات المصدر مجانا وخصوصا أنها موجـودة الآن عـلى الويب وتطوير نسخة جديدة من البرامج وتكييفها لتعمل مع نظام تشغيل جديد ومعمارية معالج جديد للمشاركة مع أخرين أو لتسويقها. الهدف من البرامج مفتوحة المصدر ليكون المنتج مفهوماً أكثر وقابلاً للتعديل وقابل للأستنساخ وذا موثوقية وسهل الوصول اليه بينما مايزال رائج في السوق. ومن التطبيقات المهمة على البرامج مفتوحة المصدر نظام التشغيل يونكس (Unix) وهنا بأمكانك البحث عن طريق الانترنت وتسجيل عدد من البرامج مفتوحة المصدر وأستخداماتها ومواصفاتها.

Case study: Open source teaching (OST) is a platform that utilizes emerging technologies to facilitate shared learning and the development of communities. OST redefines the relationship between learners by eliminating the barriers of time and distance. OST provides learners with simultaneously real-time and time-independent access to the ideas of people with varying degrees of experience, expertise, points of view, knowledge, and skills.

Higher education e-learning meets open source. Discuss this in details and try to evaluate the differences between standard e-learning and open source e-learning. Supporting your answer with cases in Arabic countries.

5.10 أطار مايكروسوفت دوت نت   **Microsoft .NET Framework**

أطار مايكروسوفت دوت نت هو مكون لبرنامج بالامكان أن يضاف أو يضمن لنظام التشغيل مايكروسوف وندوز ويقدم هذا البرنامج حلولاً لمتطلبات البرامج المشتركة ويدير تنفيذ البرامج المكتوبة بشكل محدد لهذا الاطار. هذا البرنامج هو عرض من مايكروسوفت ويفترض أن يستخدم في أغلب التطبيقات الحديثة . الحلول التي يتضمنها هذا الأطار تغطي مدى واسعاً من الاحتياجات البرمجية ومنها: واجهة المستخدم والوصول للبيانات وربط قواعد البيانات والتشفير وتطوير تطبيقات الويب والخوارزميات العددية وشبكات

الاتصالات. هذه الوظائف تستخدم من قبل المبرمجين حيث يدمجونها مع بـرامجهم الخاصـة لانتاج التطبقات المطلوبـة. كـان الاصـدار الاول لهـذه الحزمـة في عـام 2002 حيـث تضـمنت وندوز أكس بي (Windows XP) ووندوز سرفر 2003 (Windows Server 2003) ويمكـن أدخالها مع كل النسخ القديمة للوندوز.

المكون الاكثر أهميـة لاطـار دوت نـت يقـع في البنيـة التحتيـة للغـة المشـتركة (Common Language Infrastructure - CLI). الهدف الرئيس لهذه اللغة تزويد أطـار لغـوي لأداري لتطوير التطبيق وتنفيذه ولاتكون هناك محددات لمعالجة المركبات والمجاميع والسرية وقدرة التفاعل والعمل. أن تطبيق مايكروسوفت للبنية التحتية للغة المشتركة يـدعى وقـت تشـغيل اللغة المشترك (Common Language Runtime - CLR) وهـذا يتكـون مـن أربعـة أجـزاء أساسية كما في الشكل (5.3).

1. نظام النوع المشترك Common Type System (CTS)
2. مواصفات اللغة المشتركة Common Language Specification (CLS)
3. المجمع في الوقت المناسب Just-In-Time Compiler (JIT)
4. نظام التنفيذ الافتراضي Virtual Execution System (VES)

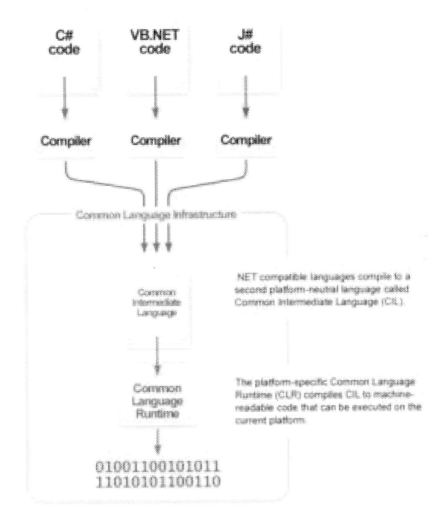

شكل (5.3) الاجزاء الاساسية للبنية التحتية للغة المشتركة

5.11 شراء البرامج Software Purchasing

Purchasing a software application or program can be a big consideration, especially when purchasing advanced and usually expensive programs such as Microsoft Office or Adobe Photoshop. When considering purchasing these programs it is important that you or your staff be familiar with the program and that you ensure it is going to be capable of what you need it to do.

البرامج كثيرة ومتطلباتها كثيرة ومواصفاتها كثيرة لذا سوف نركز في هذه الفقرة على متطلبات الحاسوب الشخصي من البرامج وهذا له علاقة كبيرة بنوع الحاسوب ومواصفاته ونوع المستخدم والتطبيقات التي يحتاجها. ولكي لانذهب في تشتيت الموضوع نفرض أن الحاسوب الشخصي بنتيوم 4 بالمواصفات الاعتيادية بسرعة 3 كيكاهرتز وخزن 100 كيكابايت وذاكرة 512 ميكابايت وأن المستخدم لهذا الحاسوب هو متخصص بالحاسوب أو على الاقل حاصل على البكالوريوس في الحاسوب وعلى ضوء ذلك بالامكان تحديد البرامج المطلوب شراؤها وتنصيبها على الحاسوب وضمن مجموعة من التساؤلات لتحديد مدى جدية الموضوع وهي:

1. ماذا سيعطيني هذا الاصدار الجديد من البرنامج من مواصفات غير موجودة في الاصدار الحالي.
2. هل ان سعر البرنامج مع سعر تحديث الجهاز (أذا أقتضى الامر) يعطينا كسباً محسوساً وذا قيمة.
3. هل أن أحتياجاتي ستحقق بأحلال البرنامج الحديث محل الحالي.
4. هل أن هذا البرنامج له القابلية على التكيف مع بقية البرامج الموجودة.

وعلى ضوء ذلك يجب معرفة ماذا سيقدم البرنامج في الامور الآتية:

1. لمساعدة الفعالبات والاعمال التي لايمكن عملها في الوضع الحالي.
2. لعمل الفعاليات والاعمال بشكل أسرع.
3. لعمل الفعاليات والاعمال بشكل أفضل.

وعلى ضوء ما تقدم فأن البرنامج يجب أن يحقق مايأتي:

1. شروط المنافسة من ناحية السعر مثلا.
2. البرنامج يتضمن شروط التوثيق الصحيح.
3. أعتماد النسخ المرخصة لاكثر من مستخدم وخصوصا في الشركات.
4. التأكد من أن البرنامج مخزون على وسط بأمكانك قراءته عبر جهازك.

5.12 كيف تتكلم مع كل العالم How to talk all over the world

هناك برامج كثيرة يمكنك تنصيبها على الحاسوب الشخصي وأن تتكلم مع أي شخص أينما كان من العالم وهذه البرامج وفرت طرقاً سهلة وبسيطة وغير مكلفة للأتصال وبأستخدام الطرق المقروءة والمسموعة والمرئية ومن هذه البرامج برنامج Skype الذي عن طريقه بأمكانك الاتصال مع أي شخص بشرط أنه يملك هذا البرنامج على الحاسوب علما بأن بيئة عمل هذا البرنامج هو مثلا نظام التشغيل ويندوز 2000 أو ويندوز XP

How to Install Skype and Talk all Over the World for Free

1. Go to the Skype Web site (see the Resources section below for links to download Skype for Windows, Mac, and Linux users) and download the SkypeSetup.exe executable.

(The executable gets downloaded under the Program Files folder under a directory called Skype that gets automatically created. A Skype Setup icon is also automatically seen on your desktop.)

2. Click on the SkypeSetup icon that is on your desktop. A Skype Setup wizard then appears.

You will get a warning window asking if you want to Run or Save this file, SkypeSetup.exe. Click Run.

Note: Another confirmaton message may come up asking if you are sure you want to Run this software. Click "Run" again.

3. Follow the instructions on the Skype Setup Wizard to complete the installation of the Skype software. At the end of the installation you will be asked to setup a Skype account.

4. A Skype window appears and if you have never used Skype before you have the option of creating a Skype account. A link is seen on that window mentioning the following:

"Don't have a Skype name?"

Click on this link and it opens up another "Skype - Create a New Account" window where you have to type in your Full Name and then you have to type in a "Skype Name" and a Skype "Password" and "Repeat Password" in the respective fields on that window.

Note: Jot down this Skype Name and Skype Password as you will need it everytime you open the Skype application.

5. Click on the "Sign in" button.

Note: After having created this new Skype Name account for the first time, the next time you open Skype again, your Skype name will automatically appear in the Skype name field. All you need to do is to type in your Skype password and click the "Sign in" button.

6. Follow the instructions in the "Getting Started" guide to "Add a Contact" using the "Add Contact" button, to test your headset and microphone using the "Skype Test Call Feature," to set up a Conference Call with a business colleague or friend, and to explore all features.

7. Once you have installed the Skype software,

Directions: *Answer each of the questions after reading the article above. Write in complete sentences. You must think and be creative with your answers.*

1. What is Von Neumann machine?
2. Vacuum tube-based computers were in use throughout the 1950s, explain that.
3. What is the meaning of IT software?
4. Explain briefly the historical growth of software.
5. Explain briefly the growth of software with respect to hardware.
6. What are the differences between programming languages and human languages?
7. What are the generations of programming languages? Explain briefly the specification of each generation.
8. Imagine the aspects of next-generation programming language.
9. What are the stages in the program development process?
10. What are the functions of operating system?
11. Application software is a subclass of computer software, explain that.
12. What are the differences between open source software and closed source software?
13. What are the differences between application program interface-API and application service provider-ASP.
14. What are the differences between HTML and XML.
15. Show how open source has impacted online training, particularly through ties with academia.
16. Discusses the environment in which training software is developed and deployed.
17. Explain briefly the infrastructure of Microsoft .net platform.
18. What are the questions for purchasing software?
19. It is possible to generate programming languages, like human languages? Explain that.
20. List some of the programs that used to talk all over the world.

Multiple choice questions

1. Software refers to parts of the computer
   a) that have no material form
   b) that have material form
   c) that have no software form
   d) that have software form

2. When software is stored in hardware that such as BIOS
   a) cannot easily modified.
   b) can easily modified
   c) can easily removed
   d) non of the above

3. The future developments in software technology can be expected to play the equally important role of expanding the user base for computers, thus making it economically feasible
   a) to exploit new technologies on the hardware side.
   b) to exploit new technologies on the hardware side.
   c) a and b
   d) non of the above

4. Operating systems perform the basic tasks such as
   a) all of the below.
   b) recognizing input from keyboard and mouse.
   c) sending output to the computer display and printer.
   d) keeping track of files and directories on disks.

5. Operating systems provide several services, the most important of which is
   a) system management.
   b) user interface.
   c) memory allocation.
   d) plug and play.

6. A programming language is an artificial language that can be used

    a) to control the computer.

    b) to control the software of the computer.

    c) to control the operating system of the computer.

    d) all of the above.

7. The advantages of higher level languages

    a) all of the below.

    b) ease of learning.

    c) ease of programming.

    d) ease of debugging.

8. The advantages of object oriented languages

    a) all of the below.

    b) require less code than other languages.

    c) require less time than programming in other language.

    d) enhances ability to create user friendly interface.

9. Markup languages is a recent trend

    a) to turn XML documents into executables.

    b) to turn HTML documents into executables.

    c) to turn SGML documents into executables.

    d) All of the above.

10. A leader language of the future is

    a) C# language

    b) .net language

    c) HTML language

    d) all of the above

11. Which of these is not a programming language?

    a) HTML language

    b) C++ language

    c) Pascal language

    d) Matlab language

12. The most common use of multimedia is
    a) all of the below
    b) learning and education.
    c) training and research.
    d) Business and commerce.

13. 3D Geographic software applied on
    a) global positioning system (GPS)
    b) geographic information system (GIS)
    c) Web Mapping Service (WMS)
    d) all of the above

14. Which of these is not programming language
    a) MSDOS
    b) assembly
    c) Java
    d) basic

15. Which of these is not an operating system?
    a) Windows 3.0
    b) Windows XP
    c) Unix
    d) MSDOS

16. Open source software is computer software
    a) whose source code is available under a license.
    b) whose source code is not available under a license.
    c) whose source code is open.
    d) whose source code is hidden.

17. Ease to use of a package software means
    a) all of the below.
    b) the easier a program is to use.
    c) minimize the number of commands that need to be memorized.
    d) the more intuitive the icons.

18. Better cost of a package software means

    a) all of the bellow

    b) seek detailed pricing information.

    c) seek the best price.

    d) consider the total cost of the ownership.

19. When you purchasing a software application you must considered

    a) the hardware specification of your computer.

    b) the hardware international market.

    c) the software international market.

    d) all of the above.

20. Which of these is not a Microsoft developer operating system?

    a) Unix

    b) MSDOS

    c) windows XP

    d) windows NT

Chapter Six

قواعد البيانات ومخازن البيانات

Databases and Data warehouses

Learning objectives

1. Understanding database and database systems.

2. Identify the applications of database.

3. Understanding the differences between traditional file organization and database approach.

4. Understanding the features of database models.

5. Understanding data warehouse and data warehouse systems.

6. Identify the applications of data mining.

7. Identify databases on the Web and the steps between web to database middleware.

8. Identify open database connectivity and its components.

6.1 مقدمة Introduction

The introduction of electronic computers in the mid 1950s coincided with a tremendous boom in economic development, which raised the level of data storage and retrieval requirements. Data has become indispensable to every kind of modern business and government organization. The applications that process the data and the computers on which the applications run are fundamental to every aspect of every kind of endeavor.

تجميع البيانات وترتيبها وتنظيمها عملية قديمة جدا حيث ظهرت مع بداية نشوء الحضارات القديمة وبعدها تطورت بشكل كبير جدا وأستحدثت لها مناهج وطرق كثيرة. وأن ظهور الحواسيب الالكترونية في منتصف الخمسينيات وأنتشارها الواسع وظهور لغات البرمجة والبرامج الجاهزة كان الانقلاب الاول والمهم الذي ربط الحواسيب وما تقدمه من خدمات في أدارة وتنظيم البيانات في الشركات والمؤسسات، أبتداءا بأدارة وتنظيم الملفات التقليدية الى ظهور نظم قواعد البيانات ونماذجها المختلفة والى ظهور مخازن البيانات كل ذلك سوف نتطرق اليه في هذا الفصل بشكل من الايجاز.

البيانات (data) هي مجموعة من الكلمات والحروف والرموز والارقام والصور والتي يطلق عليها تعبير المواد الخام والتي تدل على موضوع معين وتكون غير منظمة وغير مرتبة. بمعنى أخر فأن هذه البيانات تكون غير ذات جدوى وغير مفهومة على شكلها الحالي. وبعد معالجة (processing) هذه البيانات وترتيبها وتنظيمها وربطها مع بعضها أي جعلها ذات جدوى ومفهومة للمقابل ينتج ما نطلق عليه المعلومات (information) وكما موضحة في الشكل (6.1).

النظام المبسط مكون من أدخال (input) ومعالجة (processing) وأخراج (output)، فمثلا المواد الخام أو المواد الاولية تدخل في المعمل وبعد أجراء العمليات والمعالجات

اللازمة يتم أنتاج المنتوج المعين وكذلك بالنسبة الى البيانـات (data) تـدخل الحاسـوب وبعـد أجراء العمليات المناسبة عليها ينتج عن ذلك المعلومات (information).

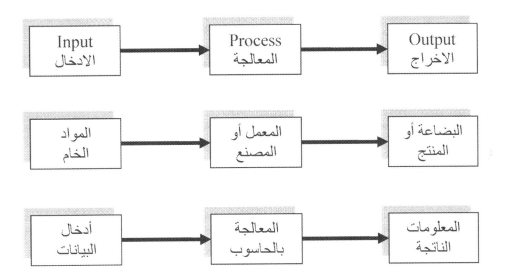

شكل (6.1) نظام تحويل البيانات الى معلومات

Traditional Files Systems　　　　　　　　　**6.2 نظم الملفات التقليدية**

A traditional file System is a collection of application programs that perform services for the end-users such as the production of reports. Each program defines and manages its own data.

أدى التوسع الكبير في المؤسسـات والشـركات وزيـادة متطلباتهـا وتعاملاتهـا وزيـادة التبادلات التجارية، أدى ذلك الى زيـادة كبيرة في حجـم البيانات التـي تتعامـل بهـا، لـذا فـأن الانظمة اليدوية المستخدمة في تنظيم وتخزين البيانات أصبحت عملية صـعبة وغـير مجديـة وذلك لصعوبة الوصول الى البيانات المطلوبة من ناحية والحاجة الى وقت كبير للوصول

الى هذه البيانات من ناحية أخرى. لذا بدأ التفكير بمعالجة ذلك بشكل أكثر كفاءة من ناحية سهولة الاستخدام وتقليل الوقت اللازم للوصول الى البيانات وذلك بأدخال المكننة والحواسيب الالكترونية. بظهور الحواسيب الالكترونية بدأ أستخدم طريقة الملفات التقليدية لادارة ومعالجة البيانات وتعتمد هذه الطريقة على ملفات الكترونية تُستخدم لتخزين البيانات على الحاسوب بصورة مستقلة بحيث تكون البيانات معزولة عن بعضها البعض، حيث أن هذه الطريقة سهلت الاستخدام وقللت الوقت اللازم للوصول للبيانات المطلوبة وبهذا أحدث نظام الملفات التقليدية طفرة كبيرة في حينها.

هيكلية البيانات في أنظمة الحاسوب يمكن تقسيمها كما موضح في الشكل (6.2) من الاصغر الى ألاكبر كما يلي:

- البت (bit): ويمثل أصغر وحدة للبيانات التي يتعامل معها الحاسوب وتمثل بالصفر أو الواحد.

- البايت (byte): ويمثل مجموعة البتات التي ترمز الى حرف أو رقم أو رمز وعادة ما يتكون البايت من ثمان بتات.

- الحقل (field): ويمثل مجموعة الحروف في الكلمة أو مجموعة الكلمات أو الارقام أي يمثل بيانات لعمود واحد كأسم الشخص مثلا.

- السجل (record): ويمثل مجموعة الحقول ذات العلاقة كأسم الطالب في فصل معين مع تأريخ تسجيله وعلاماته أي يمثل البيانات المتكاملة لحالة واحدة.

- الملف (file): ويمثل مجموعة السجلات من نفس النوع كأسماء الطلبة في نفس الفصل ويعني مجموعة البيانات التي تمثل موضوع معين.

- قاعدة البيانات (database): وتمثل مجموعة الملفات ذات العلاقة كأسماء الطلبة ومعلوماتهم الشخصية وعلاماتهم ومتعلقاتهم المالية وغيرها كما موضح في مثال ملفات الطلبة.

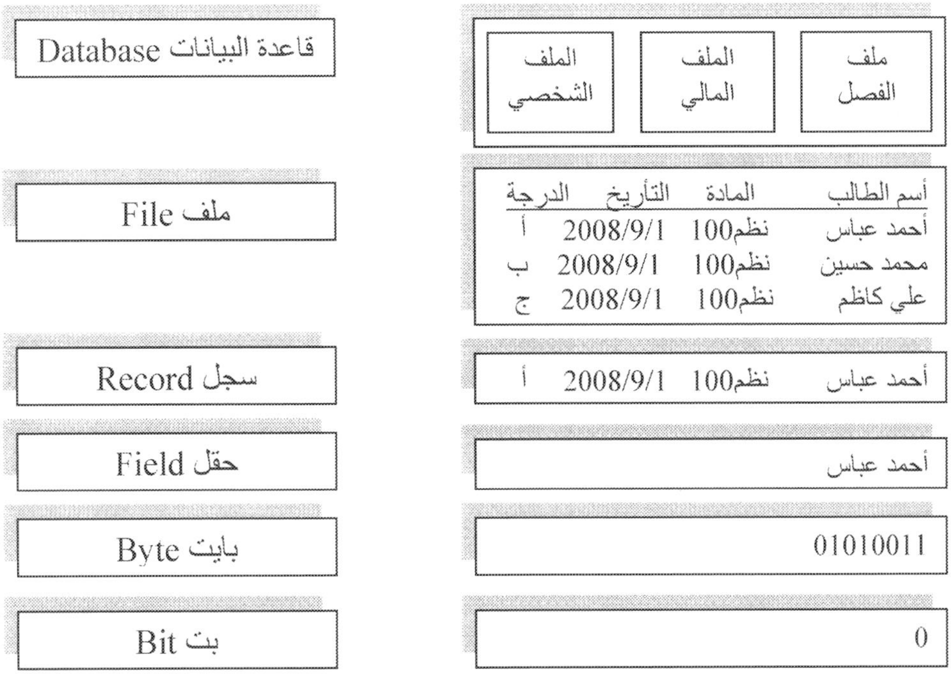

قاعدة البيانات Database
ملف الفصل
الملف المالي
الملف الشخصي
ملف File
أسم الطالب المادة التاريخ الدرجة
أحمد عباس نظم100 2008/9/1 أ
محمد حسين نظم100 2008/9/1 ب
علي كاظم نظم100 2008/9/1 ج
سجل Record
أحمد عباس نظم100 2008/9/1 أ
حقل Field
أحمد عباس
بايت Byte
01010011
بت Bit
0

شكل (6.2) هيكلة البيانات من الاصغر الى الاكبر

بالاضافة الى ما تقدم فأن السجل يقوم بوصف كينونة (entity) معينة وأن هذه الكينونة تصف شخص أو مكان أو شيء أو حدث حيث تتوفر عنه تلك المعلومات. فأن الطلبية مثلا تمثل كينونة في ملف طلبية المبيعات والذي يحتوي معلومات عن طلبيات مبيعات الشركة. وأن كل خاصية أو مواصفة تصف كينونة معينة تدعى الخاصية (attribute) وعلى سبيل المثال فان رقم الطلبية (order number) وتأريخ الطلبية (order date) وقيمة الطلبية (order amount) ورقم الفقرة (item number) وكمية الفقرات (item quantity) فكل واحد منها يمثل خاصية لكينونة الطلبية وهذا موضح في الشكل (6.3).

كل سجل في الملف يجب أن يحتوي على الاقل على حقل واحد يعرف بشكل منفرد حالات ذلك السجل لذلك فأنه بالامكان أسترجاع السجل وتحديثه وخزنه عن طريق هذا

الحقل. هذا الحقل المعرف يدعى الحقل الرئيس (key field)، وكمثـال عـلى الحقـل الـرئيس هو رقم الطلبية لشركة معينة حيث أن سجل الطلبية موضح في الشكل (6.3) علما بـأن هـذا الرقم يكون فريداً ولايمكن تكراره في أي حال من الاحوال.

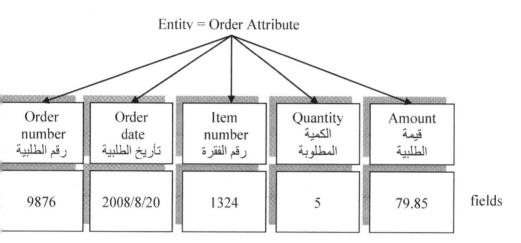

Entity = Order Attribute

Order number رقم الطلبية	Order date تأريخ الطلبية	Item number رقم الفقرة	Quantity الكمية المطلوبة	Amount قيمة الطلبية	
9876	2008/8/20	1324	5	79.85	fields

Key field

شكل (6.3) الخاصيات والكينونات

Problems in Traditional File Systems   6.3 المشاكل في نظم الملفات التقليدية

The traditional file systems resulting some problems such as: data redundancy, program – data dependence, inflexibility, poor data and security and inability to share data among applications.

رغم أن نظم الملفات التقليدية في حينها قدمت فوائد كثيرة في العمل والتوثيق وخزن وأسترجاع المعلومات ألا أن التوسع الكبير في المنظمات وتنوع أعمالها ومهامها ومتطلباتها وان كل عمل ضمن المؤسسة أصبح يحتاج الى نظام معزول خاص به كالمحاسبة والتمويل والصناعة والموارد البشرية والمبيعات والتسويق وغيرها فكل من هذه الاعمال والتطبيقات يحتاج الى نظام خاص به والى بياناته الخاصة والى حاسوب معين لكي ينفذ عليه هذا النظام وهذا أدى الى أن تكون هذه النظم غير كفوءة لمتابعة هذه التغيرات كما موضح في الشكل (6.4). ولو فرضنا أن العمل في المنظمة أستمر أكثر من خمس سنوات فأن المنظمة سوف تفاجأ بمئات البرامج والتطبيقات التي تسبب مشاكل كبيرة في العمل منها:

1. تكرار البيانات data redundancy

تكرار البيانات يعني وجود البيانات المضاعفة في ملفات متعددة وهذا يحدث عندما تقوم المؤسسة بجمع المعلومات بأقسامها المختلفة كل على أنفراد، وحيث أن هذه المعلومات في نظم الملفات التقليدية تكون معزولة وفي أماكن مختلفة لذا فأن تكرار البيانات يكون وارداً وحسب طبيعة هذه النظم.

2. أعتماد بيانات- برامج program-data dependence

أعتماد بيانات - برامج موجود في نظم الملفات التقليدية حيث أن أي تغيير في البيانات يتطلب تغييراً في جميع البرامج التي تعتمد على هذه البيانات، فمثلا أي تغيير في طول البيانات الداخلة لبرنامج التسعيرة يتطلب تغييراً في البرنامج لكي يتقبل البيانات الجديدة وهذا يتطلب كلف أضافية كبيرة.

3. قلة المرونة lack of flexibility

بأمكان نظم الملفات التقليدية أعداد وتسليم تقارير روتينية محددة وذلك بتطبيق جهود برميجة مكثفة، لكنها لاتستطيع التسليم أو الرد على التقارير الخاصة ذات المعلومات غير المتوقعة.

4. قلة السرية poor security

بسبب قلة السيطرة وأدارة البيانات والدخول عليها وتوزيعها فأن ذلك يـؤدي الى أن تكون البيانات خارج السيطرة وقليلة السرية.

5. قلة مشاركة البيانات lack of data-sharing

قلـة السـيطرة عـلى الـدخول الى الـبيانات لايـؤدي الى سـهولة وصـول الاشـخاص الى المعلومات المطلوبة، بسبب كون أجـزاء المعلومـات موجـودة في ملفـات مختلفـة وفي أمـاكن مختلفة من المنظمة ولايمكن ربطها مع بعضها البعض، لذلك فمـن المسـتحيل مشاركة هـذه المعلومات والدخول عليها.

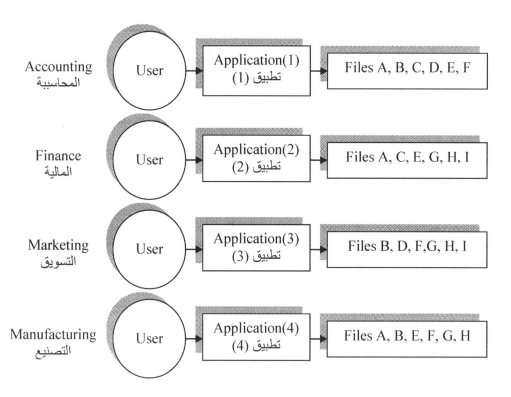

شكل (6.4) نظام الملفات التقليدي

6.4 نظم أدارة قواعد البيانات DataBase Management Systems (DBMS)

A database management system is defined as software program that permits an organization to centralize data, control and manage them efficiently, retrieval of data, and access to the stored data by application programs. A collection of programs that enables you to store, modify, and extract information from a database.

تقنية قواعد البيانات وجدت لتحل المشاكل الموجودة في نظم الملفات التقليدية، حيث أن مهمة قواعد البيانات هي تنظيم البيانات بشكل كفوء لخدمة التطبيقات من حيث السيطرة على البيانات وتقليل التكرار قدر الامكان. أن وجود نظم قواعد البيانات كان مرافقا لوجود أو أنتشار الحواسيب الالكترونية، ففي منتصف الستينيات ظهرت مجموعة من نظم قواعد البيانات التجارية مما حدا بالمؤسسات الى أستخدامها وتطبيقها، ثم تطورت هذه النظم بشكل كبير وسريع. يُعرف نظام قواعد البيانات بشكل مبسط على أنه نظام برمجي يسمح للمنظمة بالادارة والسيطرة على البيانات المخزونة في الحاسوب بشكل منظم وبطريقة كفوءة ويسمح بأسترجاعها والدخول اليها مع أمكانية الاضافة والتعديل عن طريق برامج التطبيق والشكل (5. 6) يوضح المبادئ الاساسية لنظام قواعد البيانات.

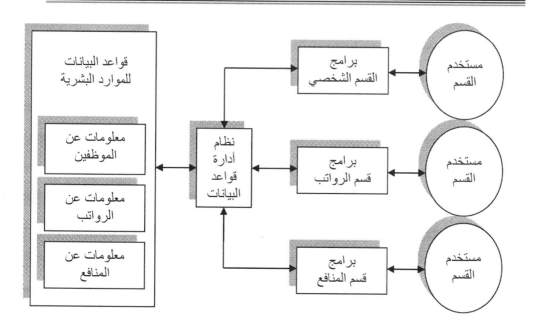

شكل (6.5) نظام أدارة قواعد البيانات

يعمل نظام أدارة قواعد البيانات عمل التنسيق بين برامج التطبيق وملفات البيانات، فعنـدما تستدعى بيانات معينة من قبل برامج التطبيق، فأن نظام أدارة قواعد البيانات يجد البيانـات المطلوبة في قاعدة البيانات ويعرضها على برنامج التطبيق. أما في نظام الملفات التقليدية فـأن المبرمج يجب أن يحدد شكل وحجم البيانات المطلوبـة لكـل برنـامج وموقعهـا في الحاسـوب. نظام أدارة قواعد البيانات يعفي المبرمج أو المسـتخدم مـن مهمـة معرفـة أيـن ومتـى تخـزن البيانات وذلك بفصل أو عزل المنظور المنطقـي عـن المنظور الطبيعـي للبيانات. نظـام أدارة قواعد البيانات يحتوي على ثلاثة مركبات أساسية:

1. لغة تعريف البيانات data definition language

    هذه اللغة يستخدمها المبرمجون لتوضيح محتويات وهيكلية قاعدة البيانات، حيث أن هذه اللغة تعرف كل عنصر مـن البيانات ووجودها في قاعدة البيانات قبـل أن يحـول عنصرـ البيانات الى الشكل أو الهيئة المطلوبة من قبل برامج التطبيق.

2. لغة معالجة البيانات data manipulation language

هذه اللغة تحتوي على أوامـر تسـمح للمسـتخدمين والمبرمجين المتخصصـين لاستخلاص البيانات من قاعدة البيانات لتحقيق المعلومات المطلوبة وتنفيذ التطبيقات وتتضمن أسترجاع وأضافة وحذف وتحـديث البيانـات، ومـن الامثلـة عليهـا Structured Query Language (SQL).

3. قاموس البيانات data dictionary

هذه عبارة عـن ملفـات أوتوماتيكيـة أو يدويـة تخـزن فيهـا تعريفـات عناصـر البيانـات وخواصها، كالاستخدام والتمثيل الطبيعي والمالك والتخويل لهذه البيانات ومدى سريتها.

يمر أي تطبيق برمجي عـلى قواعـد البيانـات لمجموعـة مـن المراحـل لـكي يصـل فيهـا الى المستخدم النهائي وتتمثل هذه المراحل بما يأتي:

1. وضع الخطط والمتطلبات اللازمة للتطبيق.
2. وضع التصاميم اللازمة وتحديد العلاقات بين المتطلبات.
3. بناء التطبيق وفقا للتصاميم والخطط الموضوعة.
4. تنفيذ الاختبار ضمن بيئة العمل التجريبية وأدخال البيانات المطلوبة.
5. بعد أجراء جميع الاختبارات بنجاح يتم أخراج المنتج بالشكل النهائي.

6.5 ميزات نظم أدارة قواعد البيانات **Features of DBMS**

The most database management systems depend on client/server that works on network systems, and most of these systems work on powerful servers or super computers, where these systems receive requests from customer and extract the related data.

أكثر نظم قواعد البيانات تعتمد على نظام خـادم/ زبـون والـذي يعمـل عـلى نظـم الشبكات، وأن أغلب هذه النظم تعمـل عـلى الخادمـات ذات القـدرة العاليـة أو الحواسـيب الكبيرة، حيث أن هذه النظم تقبل الطلبات من الزبائن وتقوم بتصنيفها وأستخلاص البيانات المطلوبة. جاءت نظم قواعد البيانات لتحل المشاكل التي تعاني منها نظـم الملفـات التقليديـة

ومنها تكرار البيانات وقلة المرونة وعدم سرية البيانات. ومن المواصفات التي تتميز بها نظم أدارة قواعد البيانات:

1. يجهز العمل بطرق لتنظيم البيانات كالسجلات والجداول وغيرها.

2. يجهز العمل بالامن والسرية حيث أن المستخدم يحتاج الى تخويل للدخول الى البيانات.

3. يجهــز العمــل بتوثيــق جيــد للبيانــات ويمكـن الحصـول عـلى التوثيــق الـورقي عنـد الطلب.

4. يتقبل أدخال البيانات من المشغلين وتخزن هذه البيانات في ملفات جديدة وكذلك أضافة بيانات جديدة على الملفات الموجودة.

5. يتقبل أسترجاع البيانات المخزونـة في قاعـدة البيانات وأجـراء التحـديث اللازم عليهـا ثـم خزنها.

6. يجهز العمل بلغات الاستفسار للبحث والتصنيف وأعداد التقارير وغيرها مـن الفعاليـات المطلوبة.

7. بالامكان أجراء التعديلات اللازمة على البرامج وحسب المتطلبات دون التأثير على البيانات.

8. يجهز العمل بأمكانية الدخول لعدة مستخدمين (multiuser) للبيانات ضمن خصوصية وسرية معينة ويمكن فرض أمان وسرية على البيانات المهمة.

9. يجهز العمل بخاصية تكامل البيانات التي تمنع أكثر من مستخدم بالـدخول وتغيـير نفـس البيانات بشكل آني.

10. يجهز العمل بقاموس البيانات الذي يصف تركيب قاعدة البيانات والملفـات والسجلات ذات العلاقة.

6.6 وظائف نظم ادارة قواعد البيانات — Functions of DBMS

Database management systems represent many important functions to satisfy the integrity and consistency of the data in the database and most of these functions are transparent to the end users and most can be achieved only through the use of a DBMS.

نظم أدارة قواعد البيانات تؤدي عدة وظائف لتحقيق سلامة المعلومات في قاعدة البيانات، وأغلب هذه الوظائف تنعكس على المستخدم وتظهر من خلال أستخدام نظام أدارة قاعدة البيانات، وهذه الوظائف تتمثل فيما يأتي:

1. أدارة قاموس البيانات data dictionary management

نظم أدارة قواعد البيانات تخزن تعريفات عناصر البيانات وعلاقاتها في قاموس البيانات، حيث أن جميع البرامج التي تدخل الى قاعدة البيانات يكون دخولها من خلال نظام قاعدة البيانات. نظم قواعدالبيانات تستخدم قاموس البيانات للنظر في تراكيب وعلاقات مكونات البيانات المطلوبة لتسهيل العلاقات المعقدة في البرامج.

2. أدارة خزن البيانات data storage management

نظم أدارة قواعد البيانات تنشأ وتدير التراكيب المعقدة المطلوبة لخزن البيانات، وهذا يحررنا من مهمة تعريف وبرمجة خواص البيانات المادية، حيث أن نظم أدارة قواعد البيانات الحديثة تجهز خزن البيانات أضافة الى هيئة دخول البيانات ذات العلاقة وتعريف الواجهات والتقارير وقواعد التحقق من البيانات وأجراءات ترميز البرامج وتراكيب الصيغ المستخدمة وغيرها.

3. تحويل البيانات وتقديمها data transformation and presentation

نظم أدارة قواعد البيانات تحول البيانات الداخلة لملاءمة تراكيب البيانات المطلوبة لخزن البيانات، لذلك فأن نظم أدارة قواعد البيانات تحررنا من العمل الرتيب للتفريق بين الصيغة المنطقية والصيغة المادية، وبأبقاء أستقلالية البيانات فأن نظم أدارة

قواعد البيانات تحول الطلبات المنطقية الى أوامر تكون محددة ماديا ثم تسترجع البيانات المطلوبة.

4. أدارة السرية   security management

نظم أدارة قواعد البيانات تنشئ نظاماً للسرية يضمن سرية المستخدم وخصوصية البيانات في قاعدة البيانات. قواعد السرية تحدد أي من المستخدمين بأمكانه الدخول الى قاعدة البيانات وأي من البيانات كل مستخدم بأمكانه الدخول اليها وأي من العمليات بأمكان المستخدم تنفيذها، وهذا مهم جدا وخصوصا أذا كان هناك عدة مستخدمين لقاعدة البيانات.

5. السيطرة على الدخول متعدد المستخدمين   multiuser access control

نظم أدارة قواعد البيانات تنشئ تركيبات معقدة لنظام متعدد المستخدمين للدخول الى البيانات. لاجل سلامة البيانات فأن نظم أدارة قواعد البيانات تستخدم خوارزميات متطورة للتأكد من أن عدة مستخدمين بأمكانهم الدخول الى قاعدة البيانات بشكل متزامن أي بنفس الوقت بدون التأثير على عمل قاعدة البيانات.

6. أدارة الاسترجاع   recovery management

نظم أدارة قواعد البيانات تجهز العمل بأجراءات أسترجاع البيانات للتأكد من سلامة البيانات، فالنظم الحالية تجهز بمواصفات خاصة تسمح لمدير قاعدة البيانات بعمل أجراءات معينة لاسترجاع البيانات وخزنها.

7. أدارة سلامة البيانات   data integrity management

نظم أدارة قواعد البيانات تلتزم بتطبيق قواعد السلامة لازالة مشاكل سلامة البيانات، ومنها تقليل التكرار وزيادة السلامة، حيث أن علاقات البيانات المخزونة في قاموس البيانات موجودة لدعم سلامة البيانات.

8. لغات الدخول لقاعدة البيانات   database access languages

نظم أدارة قواعد البيانات تجهز الدخول للبيانات من خلال لغة الاستفسار، وهي لغة غير أجرائية تسمح للمستخدم بتحديد ماذا يجب أن يعمل بدون الحاجة الى تحديد ماذا

يجب أن يعمل؟ لغة الاستفسار لنظم أدارة قواعد البيانات تحتوي على مركبتين وهما لغة تعريف البيانات ولغة معالجة البيانات.

9. وصلات أتصال قاعدة البيانات database communication interfaces

نظم أدارة قواعد البيانات الحالية تجهز وصلات أتصالات مصممة للسماح لقاعدة البيانات لتقبل طلبات المستخدم في بيئة شبكة الحاسوب.

6.7 مكونات نظم أدارة قواعد البيانات   Components of DBMS

Database systems refer to an organization of components that define and regulate of collection, storage, management, and use of data within a database environment, and the database systems are composed of the five major parts: hardware, software, people, procedures, and data.

نظم قواعد البيانات تمثل بمنظمة مكونة من عدة مركبات تعرف وتنظم تجميع وخزن وأدارة وأستخدام البيانات في بيئة قواعد البيانات وعليه فأن نظم قواعد البيانات تتكون من خمسة أجزاء رئيسة وكما موضح في الشكل (6.6) وهي كما يأتي:

1. المعدات المادية hardware

هذه تشمل كل الاجهزة والانظمة والمعدات المادية وتمثل الحاسوب بكافة انواعه الصغيرة والكبيرة، وكذلك الاجهزة الملحقة بالحاسوب والتي تسيطر على أدخال وأخراج البيانات كلوحة المفاتيح والطابعة وغيرها، وكذلك الاجهزة التي تستخدم في ربط الحواسيب مع بعضها أي شبكات الحاسوب وهي جزء من نظم قواعد البيانات المتطورة.

2. المعدات البرمجية software

هذه تشمل مجموعة البرامج المستخدمة بواسطة الحاسوب ضمن قواعد البيانات، وكذلك نظم قواعد البيانات نفسها والتي تجعل نظام قاعدة البيانات يعمل وهي نظام التشغيل ونظام أدارة قاعدة البيانات وبرامج التطبيقات والملحقات.

3. الافراد people

هذا يشمل كل المستخدمين لنظام قاعدة البيانات ويمكن تحديد خمسة أنواع مـن المستخدمين وهم: مسؤولو النظـام (system administrators)، ومسـؤولو قواعد البيانـات (database administrators)، ومصممو قواعد البيانـات (database designers)، ومحللـو النظم (systems analysts)، ومبرمجون (programmers)، والمسـتخدمون النهـائيون (end users).

4. الاجراءات procedures

وهي تشمل الاوامر والقواعد التي تسيطر على نظام قواعد البيانـات، وتكـون جـزءاً من النظام حيث تؤدي دوراً مهما في الشركة، بسبب كونها تدعم الامور القياسية التـي تقـود الاعمال ضمن المنظمة ومع الزبائن.

5. البيانات data

وهي تمثل مجموعة الحقائق المخزونة ضمن قاعدة البيانات وهي عبارة عـن المـادة الخام التي تنتج عنها المعلومات بعد معالجتها، وأن تحديد أي البيانات التي تدخل الى قاعدة البيانات وكيف يتم تنظيم هذه البيانات هو الجزء الحيوي من مهمة مصمم قاعدة البيانات.

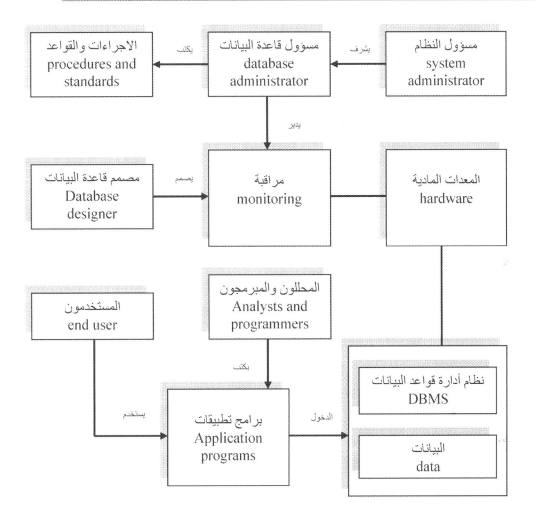

شكل (6.6) الاجزاء الرئيسة لنظم قواعد البيانات

6.8 أنواع نظم أدارة قواعد البيانات   **Types of DBMS**

توجد أنواع مختلفة لـنظم ادارة قواعـد البيانـات ولكـل منهـا محاسـنها ومساوئها وتطبيقاتها ومن هذه الانواع هي ما يأتي:

1. نظم أدارة قواعد البيانات العلائقية relational DBMS

Relational database management systems (RDBMS) may be a DBMS in which data is stored in the form of tables and the relationship among the data is also stored in the form of tables. Relational databases are the most common kind of database in use today.

تعد قواعد البيانات العلائقية من أهم وأشهر قواعد البيانات وتستخدم للحواسيب الشخصية كما للحواسيب الكبيرة. وفي هذا النموذج تمثل جميع البيانات في قاعدة البيانات على هيئة جداول (tables) ثنائية الابعاد تدعى العلاقات (relations). هذه الجداول تبدو مشابهة للملفات، لكن المعلومات موجودة في أكثر من ملف حيث ان من الممكن أستخلاصها وربطها مع بعضها بسهولة لاجل الحصول على المعلومات المطلوبة.

ومثال على ذلك نأخذ الشكل (6.7) الذي يتضمن جدول الاجزاء وجدول التجهيز لشركة مهتمة بمكونات الحاسوب، وفي كل جدول نرى أن الصفوف عبارة عن سجلات فريدة والأعمدة عبارة عن حقول كل حقل يرمز الى صنف معين. فالمستخدم يحتاج الى المعلومات من مجموعة العلاقات لكي يولد التقرير المطلوب، لذا بالامكان ربط البيانات في أي جدول أو ملف مع البيانات في جدول أخر أو ملف أخذين بنظر الاعتبار أن الجدولين أو الملفين يشتركان في عنصر مشترك من البيانات. لو أردنا معرفة أسماء وعناوين المجهزين الذين بالامكان تجهيزنا بالقطعة التي تحمل الرقم (140)، فأننا في هذه الحالة نحتاج الى معلومات الجدولين معا وهما جدول التجهيز (supplier table) وجدول الاجزاء (part table)، حيث نلاحظ أن الجدولين يشتركان برقم التجهيز (sup_no).

توجد ثلاث عمليات أساسية في قواعد البيانات العلائقية هي: أختيار (select) وربط (join) و تقدير (project). فعملية الاختيار تنشئ مجموعة فرعية تحتوي على جميع السجلات في الملف والتي بدورها تحقق المعايير. فبالرجوع الى المثال السابق وأخترنا رقم الجزء 140 الذي يتضمن بطاقة الصوت (sound card) فهذا يعني أختيار السجل الذي يحمل رقم الجزء 140.

أما عملية الربط فتقوم بربط الجداول ذات العلاقة لتجهيز المستخدم بمعلومات أكثر من المتوفرة في الجداول المنفردة. وبالرجوع الى المثال السابق فأن ربط الجدولين برقم الجزء 140 يعطينا معلومات أكثر عن هذا الجزء.

وأما عملية التقدير فأنها تنشئ مجموعة فرعية تحتوي على أعمدة في جدول تسمح للمستخدم لانشاء جداول جديدة تحتوي على المعلومات المطلوبة فقط، وبالرجوع الى المثال السابق أردنا أنشاء جدول جديد يحتوي فقط على رقم الجزء (part_no) ورقم التجهيز (sup_no) وأسم المجهز (sup_na) وعنوان المجهز (sup_ad).

نظم أدارة قواعد البيانات العلائقية تتميز بعدة محاسن منها الهيكلية المستقلة فالتغيير في العلاقات لايؤثر على النظام، وتحسين المفهوم المبسط حيث يمكن التركيز على فهم الانسان لخزن البيانات، وسهولة في تصميم البيانات وتنفيذها وأدارتها، وقدرتها العالية ومرونتها على الاستفسار، أضافة الى قوة هذا النظام. أما المساوئ فتتمثل في ضخامة المعدات المادية وفوقية البرامج الحاسوبية، وبالامكان الوصول الى سوء التصميم والتنفيذ، وبسبب سهولة الاستخدام ربما ترافق ذلك مشاكل.

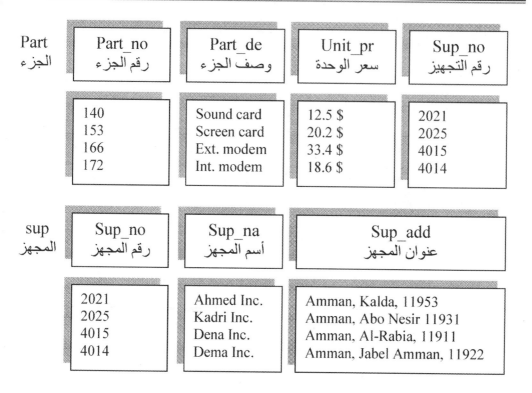

<table>
<thead>
<tr><th>Part
الجزء</th><th>Part_no
رقم الجزء</th><th>Part_de
وصف الجزء</th><th>Unit_pr
سعر الوحدة</th><th>Sup_no
رقم التجهيز</th></tr>
</thead>
<tbody>
<tr><td></td><td>140
153
166
172</td><td>Sound card
Screen card
Ext. modem
Int. modem</td><td>12.5 $
20.2 $
33.4 $
18.6 $</td><td>2021
2025
4015
4014</td></tr>
</tbody>
</table>

<table>
<thead>
<tr><th>sup
المجهز</th><th>Sup_no
رقم المجهز</th><th>Sup_na
أسم المجهز</th><th>Sup_add
عنوان المجهز</th></tr>
</thead>
<tbody>
<tr><td></td><td>2021
2025
4015
4014</td><td>Ahmed Inc.
Kadri Inc.
Dena Inc.
Dema Inc.</td><td>Amman, Kalda, 11953
Amman, Abo Nesir 11931
Amman, Al-Rabia, 11911
Amman, Jabel Amman, 11922</td></tr>
</tbody>
</table>

شكل (6.7) الجداول العلائقية للأجزاء والمجهزين

2. نظم أدارة قواعد البيانات الهرمية hierarchical DBMS

In a hierarchical data model, data are organized into a tree-like structure. The structure allows repeating information using parent/child relationships: each parent can have many children but each child only has one parent.

قواعد البيانات الهرمية من أقدم أنواع الانظمة وتستحدم نموذج العلاقة واحد الى عدة (one to many)، وتستخدم النظام الشجري في أيصال المعلومات الى المستخدم، ففي كل سجل تتكون عناصر المعلومات من أجزاء من السجل تسمى الوصلة أو القطعة (segment) أي أن لكل سجل جذراً (root) واحداً تتفرع منه فروع أخرى كشجرة العائلة.

أن النظام الهرمي يسمح بتكرار المعلومات بأستخدام نموذج علاقة الاب / الابن، فألاب يمكن أن يكون له عدد من الابناء ولكن الابن يجب أن يكون له أب واحد فقط.

الشكل (6.8) يمثل الهيكلية الهرمية لنظام قاعدة بيانات الموارد البشرية، حيث أن الجذر يمثل بالموظف ويحتوي على المعلومات الاساسية التي تخص الموظف كالاسم والعنوان والرقم التعريفي. يتفرع من الجذر ثلاثة تفرعات هي المستوى الاول بعد الجذر ويمثل الابن الاول (first child)، وتشمل: أولا التعويضات (compensation) وبضمنها الراتب، وثانيا الوظيفة المخصصة (job assignment) وبضمنها المنصب الوظيفي والقسم، وثالثا المنافع وبضمنها الخيارات المتاحة. وبعدها يأتي المستوى الثاني بعد الجذر ويمثل الابن الثاني (second child)، أما فرع التعويضات فيتفرع منه فرعان هما تقييم الاداء (performance rating) و تأريخ الراتب (salary history)، وأما فرع المنافع فتتفرع منه ثلاثة فروع هي الراتب التقاعدي (pension) والتأمين على الحياة (life insurance) والصحة (health).

نظم أدارة قواعد البيانات الهرمية تتميز بعدة محاسن منها سهولة المفاهيم المستخدمة وهذا يجعل عملية التصميم سهلة، ويوفر أمنية قاعدة البيانات، ويهيئ للنظام أستقلالية البيانات، وسلامتها وكذلك يقدم النظام كفاءة عالية بالاعمال الكثيرة. أما المساوئ فتتمثل في تعقيدات عملية التصميم والتنفيذ، وصعوبة ألادارة والسيطرة على التغيرات في الهيكلية، وقلة أستقلالية الهيكلية، ووجود تعقيدات في التطبيقات والاستخدام، وبالاضافة الى تحديد في التنفيذ فهناك تطبيقات لايمكن تنفيذها.

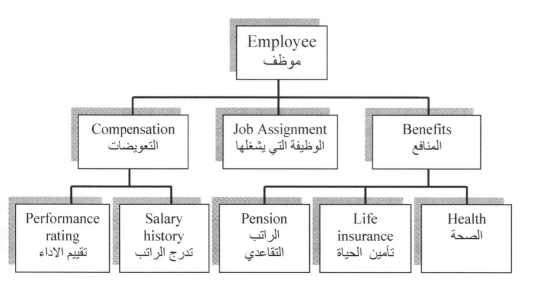

شكل (6.8) نظام قاعدة بيانات الموارد البشرية

3. نظم أدارة قواعد البيانات الشبكية Network DBMS

The popularity of the network data model coincided with the popularity of the hierarchical data model. Some data were more naturally modeled with more than one parent per child. So, the network model permitted the modeling of many-to-many relationships in data. The basic data modeling construct in the network model is the set construct. A set consists of an owner record type, a set name, and a member record type.

قواعد البيانات الشبكية من الانظمة المهمة لقواعد البيانات وتستخدم نموذج العلاقة عدة الى عدة (many to many)، وتستخدم النظام الشبكي في أيصال المعلومات الى المستخدم. أن النظام الشبكي يسمح بتكرار المعلومات بأستخدام نموذج علاقة الاب / الابن، فألاب في هـذا النظام بالامكان أن يكون له عدد من الابناء وكذلك فأن الابن بالامكان أن يكون له أكثـر مـن أب واحد. أن أفضل مثال على نموذج علاقة عدة الى عدة

هي العلاقة التي تربط المواد الدراسية مع الطلبة وكما موضحة في الشكل (6.9). يوجد عدد من المواد الدراسية في قسم نظم المعلومات الادارية في كلية الادارة وكذلك يوجد عدد من الطلبة في هذا القسم، فأن كل طالب سيأخذ عدداً من المواد الدراسية وأن كل مادة دراسية بها عدد من الطلبة. مادة نظم دعم القرارات تظم الطلبة أحمد وعلي وحسن فأما مادة أدارة نظم قواعد البيانات فتضم الطلبة أحمد وعلي وحسن وديمة وأما مادة نظم المعلومات الادارية فتضم الطلبة علي وحسن وديمة. ولو نظرنا الى الموضوع من جهة الطلبة فأن الطالب أحمد قد سجل على مادتين هما أدارة نظم قواعد البيانات ونظم دعم القرارات والطالبين علي وحسن قد سجلا المواد الثلاث جميعها وأما الطالبة ديمة فقد سجلت على المادتين أدارة نظم قواعد البيانات ونظم المعلومات الادارية.

نظم أدارة قواعد البيانات الشبكية تتميز بعدة محاسن منها سهولة المفاهيم المستخدمة وهذا يجعل عملية التصميم سهلة، ويوفر بيئة أفضل لتنفيذ العلاقات المتعددة، ويوفر مرونة في الدخول الى البيانات، ويؤمن سلامة البيانات وأستقلاليتها، أضافة الى أستخدام المعايير القياسية التي تؤمن سهولة في أدارة قاعدة البيانات. أما المساوئ فتتمثل في تعقيد النظام من حيث أدارة العلاقات والسيطرة عليها، وكذلك قلة أستقلالية الهيكلية وهذا يجعل من الصعوبة في أجراء تغييرات في هيكلية البيانات.

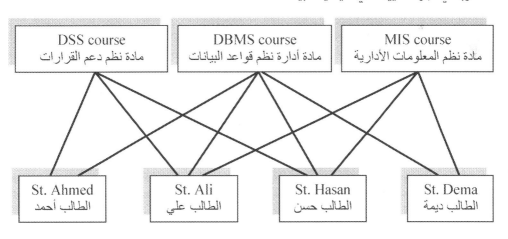

شكل (6.9) قواعد البيانات الشبكية

4. نظم أدارة قواعد بيانات بالعناصر الموجهة Object Oriented DBMS

Object-oriented databases are specialized engines designed specifically to store objects. This may be compared to the more common relational database which stores records in tables. Users can interact with objects only through designated methods. The main benefit to this style of database is the intuitive nature of the objects and their ability to more accurately replicate the modeled data environment.

نظم قواعد البيانات التقليدية صُممت لكي تطبق على البيانات المتجانسة والتي يمكن تركيبها بسهولة الى بيانات مُعرفة بالحقول والسجلات، والتي تنظم الى صفوف وأعمدة. ولكن البيانات اليوم لم تعد كما كانت بالامس مقتصرة على الارقام والحروف، فبيانات اليوم أشتملت على الرسومات والصور بالاضافة الى الوسائط المتعددة (multimedia) أي البيانات المرئية والمسموعة والمقروءة. عملية تحويل هذه البيانات المعقدة الى نظام قاعدة بيانات مع العلاقات التي تربطها ببعضها يتطلب برامج معقدة لتحويل وترجمة هياكل البيانات المعقدة الى جداول وصفوف. نظم قواعد البيانات بالعناصر الموجهة تخزن البيانات والاجراءات التي تعمل عليها كعناصر والتي يمكن أسترجاعها وأستخدامها.

نظم أدارة قواعد البيانات بالعناصر الموجهة أصبحت مهمة ومشهورة بسبب أستخدامها في مكونات الوسائط المتعددة وفي لغات البرمجة الحديثة وتطبيقات الويب والانترنت والعالم الافتراضي. نظم أدارة قواعد البيانات بالعناصر الموجهة أضافت وظائف جديد الى لغات البرمجة الموجهة، وأن قوة نظم أدارة قواعد البيانات بالعناصر الموجهة تأتي من سلسلة المعالجة لكل من البيانات المستمرة (persistent data) الموجودة في قاعدة البيانات، والبيانات العارضة (transient data) الموجودة في برامج التنفيذ. بالامكان أستخدام نفس البيانات في قاعدة البيانات العلائقية لمخزن تأجير اقراص المدمجة (DVD rental store) الموضحة في الشكل (6.10) حيث تخزن وتستخدم كقاعدة بيانات بالعناصر الموجهة. فالعلاقات بين البيانات والمعنية بالكيانات لم تكن محفوظة بطريقة

المفاتيح الاجنبية (foreign keys)، ولكن من خـلال العلاقـات لجسـم معـين مـع الاخـر، وأن فائدة ذلك هو تقليل البيانات الزائدة قدر الامكان.

نظم أدارة قواعد البيانات بالعناصر الموجهة تتميز بعدة محاسن منها توفير معـاني المفـردات وهذا يعطي البيانات مفاهيم أكبر، وكـذلك تـأمين التقـديم المـرئي، أضـافة الى تـوفير سـلامة وأستقلالية البيانات. أما المساوئ فتتمثل في بطئ تطوير المعايير لهذا النظام، وهـذا يـؤدي الى صعوبة التعلم وتعقيد الدخول الى البيانات، وتعقيدات النظام تتضمن متطلبات النظـام مـن حواسيب وبرامجيات معقدة، أضافة الى قلة دخوله الى السوق.

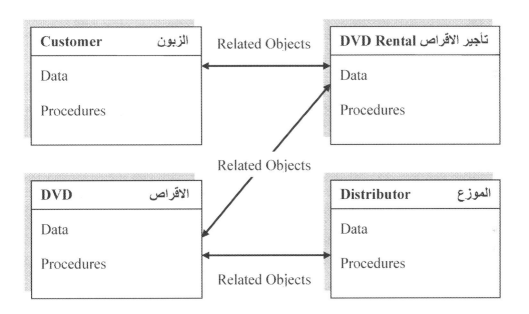

شكل (6.10) قواعد البيانات للأجسام الموجهة

6.9 مستودع البيانات Data Warehouse

A data warehouse is a place where data is stored for archival purposes, analysis purposes and security purposes. A data warehouse is a large typical relational database that supports management decision making. The database is large because it contains data from numerous of transactions over many years.

غالبية البيانات المستخدمة يوميا في الاعمال هي مجموعة الفعاليات التي تشمل سجلات العملاء ومشترياتهم وكذلك معلومات عن الموظفين واعمالهم أضافة الى عمليات الدفع والعلاقات القائمة مع الاعمال الاخرى. أن تجميع هذه البيانات على مدى عدة سنين ليس بالعملية السهلة بالنسبة للمنظمات الكبيرة، أضافة الى أن هذه البيانات مهمة جدا في عملية أتخاذ القرار في متابعة أتجاهات وتغيرات السوق مثلا، وأن تنظيم خزن هذه البيانات من أجل الاستفادة منها لهذه الاغراض يدعى بمستودع البيانات. لذا فأن مستودع البيانات هو المكان الذي تخزن فيه البيانات لاغراض الحفظ ، وأغراض التحليل وللأغراض الامنية. عملية تخزين البيانات أما أن تكون على حاسوب واحد أو عدد من الحواسيب مربوطة على شكل شبكة وتكون الفائدة منها أكبر في خلق نظام بمواصفات أفضل.

مستودع البيانات يهدف الى السماح للمديرين بأنتاج تقارير أو تحليل كم كبير من البيانات المخزونة وأستخدامها لاتخاذ القرار. المديرون دائما يسعون الى الاستفادة من المنافسة من أجل تطوير الخدمة والمكانة في السوق وترويج المبيعات وغيرها وهذا يحتاج الى متابعة مستمرة والى كم هائل من البيانات على مدى سنوات عديدة وهذا ما يوفره مستودع البيانات. مستودع البيانات يجب أن يعمل بذكاء وخبرة ليكون متلائماً مع كافة أنواع تحليلات الاعمال وكذلك يجب تصمم الجداول بما يؤمن المرونة الكافية ليتقبل التعديلات الناتجة عن تغير فعاليات الاعمال نتيجة أستخلاص معلومات جديدة. أضافة الى ذلك فأن بيئة الاعمال الجديدة تتطلب من المدراء متابعة دخول متغيرات جديدة في سوق العمل نتيجة لزيادة تعقيدات السوق ونموه السريع.

مستودع البيانات كما موضح في الشكل (6.11) يمكن وصفه بأنه قاعدة بيانات لقراءة البيانات فقط، حيث يكون مهيئاً ومكيفاً لتحليل ومعالجة البيانات. فالبيانات تستخلص من عدة مصادر ثم يتم تحويلها وتجميعها أي تنقيتها قبل تحميلها الى مستودع البيانات. المستخدمون يدخلون الى مستودع البيانات من خلال التطبيقات البرمجية للمستخدم الطرفي لاستخلاص البيانات في شكلها المطلوب. يعرف مستودع البيانات على أنه:

1. متكامل integrated : حيث أن مستودع البيانات نظام مركزي يدمج قواعد البيانات التي تؤمن البيانات من داخل المؤسسة من المصادر المتعددة وبأشكال مختلفة.

2. الموضوع الموجه subject oriented : حيث أن مستودع البيانات يؤمن ترتيب وأفضلية البيانات لتزويد الاجابات على الاسئلة القادمة من مختلف المواقع في المؤسسة.

3. تباين الوقت time variant : بخلاف بيانات العمل التي تركز على العمل الحالي، فأن بيانات مستودع البيانات تمثل سير البيانات خلال الزمن. مستودع البيانات بالامكان أن يحتوي على البيانات الموجهة المتولدة من النماذج الاحصائية وغيرها، فهي كذلك تعتمد على أختلاف الوقت، حيث أن البيانات عندما تكون مكررة التحميل في مستودع البيانات، يعاد أحتساب أجمالي أعتمادية الوقت.

4. عديم التأثر nonvolatile : حال دخول البيانات الى مستودع البيانات، فأنه لايمكن أزالتها، حيث أن البيانات في المستودع تمثل تأريخ الشركة وبيانات العمل.

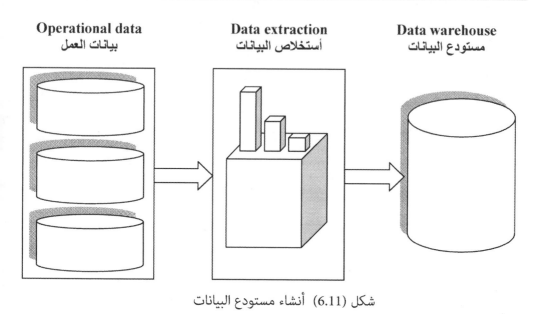

| Operational data
بيانات العمل | Data extraction
أستخلاص البيانات | Data warehouse
مستودع البيانات |

شكل (6.11) أنشاء مستودع البيانات

Data Mining   6.10 تنقيب البيانات

Data mining is the principle of sorting through large amounts of data and picking out relevant information. It is usually used by business intelligence organizations, and financial analysts, but it is increasingly used in the sciences to extract information from the enormous data sets generated by modern experimental and observational methods.

توسع أعمال الشركات والمؤسسـات أدى الى وجـود كـم هائـل مـن البيانـات مـا بـين مبيعات ومشـتريات ومـوارد ومتابعـة السـوق وغيرهـا، وهـذه البيانات موزعـة عـلى امـاكن مختلفة من الشركة، لذا فأن القرارات تتخذ من عـدة مـدراء وبـالطبع سـتعتمد عـلى قاعـدة معرفة غير متكاملة، وكذلك سـتكون قليلة الفائـدة أذا لم يـتم تفعيلها وربطها مـع بعضها بالشكل الصحيح. وبما أن مستودع البيانات قد أخذ على عاتقه تجميع هذه البيانات بالصيغة التي يسهل التعامل معها، لذا فأن الولوج بهذا المستودع للتنقيب أو البحث عن

البيانات بأستخدام الطرق والخوارزميات الحديثة يسمى تنقيب البيانات. تنقيب البيانات يستخدم تقنيات مختلفة في معالجة البيانات وتحليلها للوصول الى أنماط وعلاقات في المجمعات الكبيرة للبيانات وقوانين الاستدلال والتي منها يمكن التنبؤ بالسلوك المستقبلي ودليل أتخاذ القرار في كل تطبيقات الاعمال والتطبيقات العلمية. تنقيب البيانات من التقنيات القوية والفعالة في الوصول الى المعلومات ولكنها تواجه تحديات من حيث حماية الخصوصية الفردية، حيث أن هذه التقنيات بأمكانها أن تجمع معلومات من مصادر مختلفة لايجاد تفاصيل ومعلومات عن كل شخص.

أكثر التقنيات المستخدمة في تنقيب البيانات هي الشبكات العصبية الذكية (artificial neural networks)، وشجرة القرار (decision tree)، والخوارزميات الجينية (genetic algorithms)، وطريقة الجار الاقرب (nearest neighbor method)، وأستقراء القانون.

تنقيب البيانات كما موضح في الشكل (6.12) تمر بأربع مراحل هي:

1. تهيئة البيانات data preparation : حيث يتم تهيئة البيانات وتنقيتها من أي شوائب وخزنها في مستودع البيانات.

2. تحليل وتصنيف البيانات data analysis and classification : حيث يتم دراسة البيانات لتحديد خواصها وأنماطها المشتركة.

3. أكتساب المعرفة knowledge acquisition : تستخدام نتائج التحليل والتصنيف في المرحلة السابقة، حيث يتم أختيار النموذج المناسب أو خوارزمية أكتساب البيانات.

4. التكهن prognosis : بالرغم من أن عدة تقنيات لتنقيب البيانات تتوقف عند المرحلة السابقة الا أن قسماً منها يستمر الى هذه المرحلة، وتستخدم هذه المرحلة للتنبؤ بالسلوك المستقبلي لنتائج الاعمال.

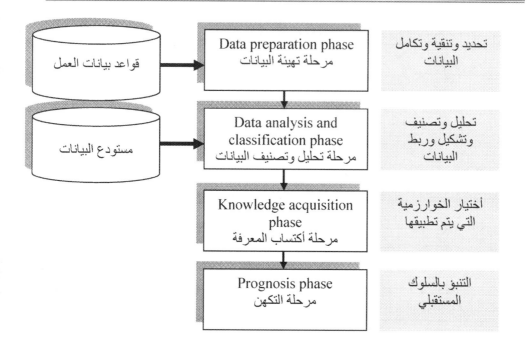

قواعد بيانات العمل	Data preparation phase مرحلة تهيئة البيانات	تحديد وتنقية وتكامل البيانات
مستودع البيانات	Data analysis and classification phase مرحلة تحليل وتصنيف البيانات	تحليل وتصنيف وتشكيل وربط البيانات
	Knowledge acquisition phase مرحلة أكتساب المعرفة	أختيار الخوارزمية التي يتم تطبيقها
	Prognosis phase مرحلة التكهن	التنبؤ بالسلوك المستقبلي

شكل (6.12) مراحل تنقيب البيانات

Databases on the Web

6.11 قواعد البيانات على الويب

As the Internet matures, it is becoming apparent, that huge amounts of data and information need to be retrieved and made easily available for an e-business to succeed. Millions of people using web browser software to access the Internet and connect to databases over the web, that allows rapid response of bringing new services and products to market quickly, and increase customer satisfaction of the web-based applications.

نظرة سريعة الى الاحصاءات الحديثة لمستخدمي الانترنت حول العالم تشير الى أن عدد المستخدمين بلغ مليار وربع المليار مستخدم بتأريخ 2007/11/2 أي أن نسبة مستخدمي الانترنت في العالم يصل الى حوالي 19% من سكان العالم، وهذا يدل على

الكم الهائل من البيانات المتداولة خلال الانترنت، وكذلك فأن الانترنت قدمت فائدة كبيرة للمستخدم من خلال الوصول الى المعلومات المطلوبة بسرعة عالية، أضافة الى زيادة قناعة المستخدم بتطبقات الوب. هذا الانتشار الهائل للمستخدمين رافقه أستحداث عدد كبير من المواقع الالكترونية بمختلف الاتجاهات حيث أصبحت الاعمال الالكترونية على الانترنت تقدر بالملايين. الانترنت أضافت لمساتها المميزة على العمل حيث غيرت بسرعة طريقة توليد البيانات والدخول اليها وتوزيعها، أضافة الى أمكانية الحصول على البيانات عن طريق الوب وسهولة أسخدام واجهة الويب ووظائفها. الانترنت عالم كبير ومعلوماته متاحه لكل المستخدمين من زبائن ومنافسين من أصدقاء وأعداء، لذا فان العمل بهذا الوسط يجب أن يكون بغاية الدقة والحذر.

مستخدم الانترنت يدخل عن طريق متصفح الوب (web browser) حيث يمثل التفاعل الاساس بين زبون متصفح الوب وخادم الوب (web server)، حيث أن خادم الوب هو المحور الرئيس الذي من خلاله يمكن الوصول الى جميع خدمات الانترنت. البرنامج الذي يمثل قاعدة البيانات من جهة الخادم يدعى البرنامج الوسطي بين الوب وقاعدة البيانات (web to database middleware)، وتشمل عملية التفاعل بين المتصفح وخادم الويب والبرنامج الوسطي بين الوب وقاعدة البيانات عدة مراحل كما موضح في الشكل (6.13) وهي:

1. العميل المتصفح يرسل طلب صفحة الى خادم الوب.
2. خادم الوب يستلم ويتحقق من الطلب.
3. البرنامج الوسطي بين الوب وقاعدة البيانات يقرأ ويتحقق وينفذ المخطوطة.
4. خادم الوب يرجع صفحة HTML المتكونة الى العميل المتصفح لعرضها.

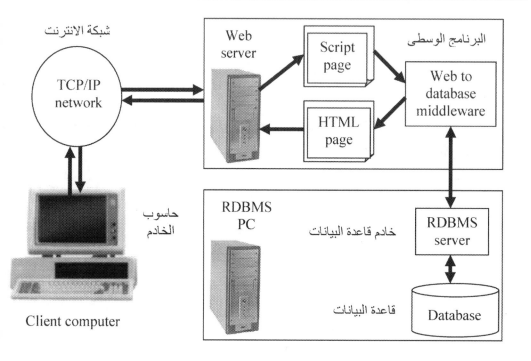

شكل (6.13) البرنامج الوسطي للتفاعل بين الوب وقاعدة البيانات

6.12 ربط قاعدة البيانات المفتوحة **Open Database Connectivity**

Open Database **C**onnectivity (ODBC), a standard database access method developed by the SQL Access group in 1992. The goal of ODBC is to make it possible to access any data from any application, regardless of which database management system (DBMS) is handling the data.

ربط قاعدة البيانات المفتوحة يعتمد على وصلة برمجة تطبيق المعيار المفتوح (open standard application programming interface) تسمح بالوصول الى البيانات الموجودة في قاعدة البيانات وهذا يعني وجود أطار مشترك للوصول الى قاعدة البيانات. هذا النظام يسمح لمطوري البرامج بأستخدام نفس أتفاقيات الترميز بغض النظر عن قاعدة

البيانات الفعلية التي ستنفذ. بأستخدام عبارات هذا النظام في البرامج، بأمكانك الوصول الى الملفات في عدد من قواعد البيانات المختلفة بما في ذلك الاكسس والاكسل وغيرها من التطبيقات وتعتبر شركة مايكروسوفت هي المورد الرئيسي ـ لدعم البرمجة بأستخدام ربط قاعدة البيانات المفتوحة.

ربط قاعدة البيانات المفتوحة يعرف مجموعة من تطبيقات المستوى الواطئ التي تسمح لتطبيقات العملاء (clients applications) وتطبيقات الخوادم (servers applications) لتبادل التعليمات ومشاركة البيانات دون الحاجة لمعرفة أي شئ عن بعضها البعض. وهذا ينطبق على أي مركز لخدمة العملاء سواء كان أم لم يكن تطبيق العميل والخادم على نفس الالة أو على حواسيب مختلفة أو حتى لو كان الخادم يعمل على نظام تشغيل مختلف وموجود في مكان بعيد. الوصلة تسمح بوجود تبادلية قصوى حيث يمكن لتطبيق واحد الوصول الى نظم أدارة قواعد البيانات المتنوعة. بأمكان مطور التطبيق القيام بالتطوير والتجميع وأرسال التطبيق بدون أستهداف منتج محدد لنظم أدارة قواعد البيانات. عندئذ بأمكان المستخدمين أضافة وحدات موجهات قاعدة البيانات (database drivers)، التي تربط التطبيق مع أختيارهم لنظم أدارة قواعد البيانات.

وصلة النظام تعرف كما يأتي:

1. مكتبة لوظائف ربط قاعدة البيانات المفتوحة التي تسمح بربط التطبيق مع نظم أدارة قواعد البيانات، وتنفيذ لغة الاستفسار، وأسترجاع النتائج.

2. وسيلة معيارية للربط والدخول الى نظم أدارة قواعد البيانات.

3. تمثيل موحد لانواع البيانات.

الاستخدام الصحيح لربط قاعدة البيانات المفتوحة في بيئة الوب موضح في الشكل (6.14) وتتمثل في الخطوات الآتية:

1. متصفح الوب يطلب صفحة من خادم الوب.

2. الخادم يرسل الطلب الى البرنامج الوسطي بأستخدام وصلة برمجة التطبيق أو وصلة البوابة المشتركة.

3. البرنامج الوسطي يستخدم ربط قاعدة البيانات المفتوحة لربط قاعدة البيانات.

4. البرنامج الوسطي يستلم نتيجة الاستفسار وينشاء صفحة HTML .

5. البرنامج الوسطي يرسل الصفحة الى خادم الوب مستخدما وصلة خادم الوب.

6. خادم الوب يرسل الصفحة الى المتصفح.

7. صفحة HTML تعرض على متصفح الوب للزبون.

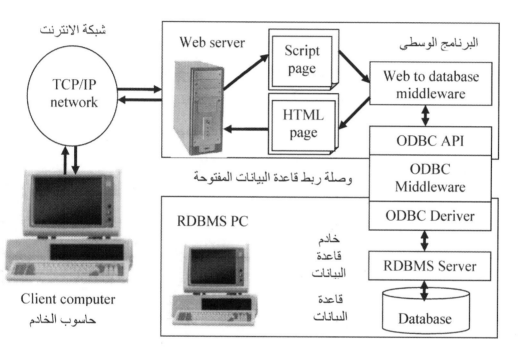

شكل (6.14)   التفاعل بين المتصفح وخادم الوب والبرنامج الوسطي

Case Study: Large Dataware houses.
Until a few years ago, a dataware house or traditional database that held 1 terabyte (TB) of data was considered big. Today a big database holds of ten terabytes.

Case study: Dataware house provide information for historical perspective (5-10 years).

Case study: Developing very large data houses.

Case study: Anything at or above 45 terabytes in a single data warehouse is deemed to be a very large data warehouse (VLDW), as long as the loads are large and the data is accessed.

Case Study: IBM data mining.
The Intelligent Information Systems Research (aka. Quest) group designs information systems that enable the preservation of the privacy and ownership of data while not impeding the flow of information.

Case Study: IBM data mining.
IBM data warehousing and business intelligence solutions deliver both trusted information and the ability to offer information-driven agility and insight to those conducting day-to-day business throughout the enterprise. Case study: Developing very large data houses.

Case Study: As IBM data mining explained above try to find the **Microsoft SQL server data mining.**

Case Study: Microsoft warehouse

The use of SQL Server 2005 for data warehousing is accelerating. It has now been generally available for two years. At first, most early adopters were in OLTP. Now, we see from inquiries that SQL Server is also being used in data warehousing, especially for databases up to 5TB or 6TB in size.

- Microsoft offers value for the price paid. The purchase of SQL Server 2005 Enterprise Edition includes SQL Server Analysis Server (SSAS), SQL Server Reporting Services (SSRS) and SQL Server Integration Services (SSIS), which means OLAP, reporting and data integration for ETL are included in the low starting price.
- SQL Server 2005 scales from small warehouses to midsize ones without a great deal of effort. As data warehousing becomes more prominent in growing midsize businesses, SQL Server is expected to grow with the business relative to data warehousing.
- Worldwide support from Microsoft is extensive (including partners, value-added resellers, third-party software and tools, and the wide availability of the SQL Server skill base), and with the recent purchase of companies such as ProClarity, it is increasing its focus on BI as a core enterprise application.
- SQL Server 2008 has been announced for release in the first half of 2008 (and is beta testing now), with many new enhancements for data warehousing, demonstrating Microsoft's intent to be a major presence in this market.

Case Study: As a Microsoft warehouse explained above try to find the specifications of IBM warehouse

Case Study:

Software Growth

The database industry generated about $7 billion in revenue in 1994 and is growing at 35% per year. Among software industries, it is second only to operating system software. All of the leading corporations in this industry are US-based: IBM, Oracle, Sybase, Informix, Computer Associates, and Microsoft. In addition, there are two large specialty vendors, both also US-based: Tandem, selling over $1 billion per year of fault-tolerant transaction processing systems, and AT&T-Teradata, selling about $500 million per year of data mining systems.

In addition to these well-established companies, there is a vibrant group of small companies specializing in application-specific databases -- text retrieval, spatial and geographical data, scientific data, image data, and so on. An emerging group of companies offer object-oriented databases. Desktop databases are another important market focused on extreme ease-of-use, small size, and disconnected operation.

A relatively modest federal research investment, complemented by an also-modest industrial research investment, has led directly to our nation's dominance of this key industry.

Case Study:

find the growth of specific software for example programming languages.

Case Study:

find the growth of specific software for example operating systems.

Directions: *Answer each of the questions after reading the article above. Write in complete sentences. You must think and be creative with your answers.*

1. Explain briefly the historical growth of data and data systems.
2. The introduction of electronic computers in the mid 1950s coincided with a tremendous boom in economic development, explain that.
3. What are the differences between data and information? Explain briefly the main components of the data processing system.
4. What is the structure of data in database system?
5. What are the problems resulting in traditional file systems?
6. Data redundancy is one of the problems of traditional file systems, explain that.
7. What are the steps of database programming?
8. Define a database management system and explain their components?
9. People is one of the main components of DBMS, explain that.
10. List the features of database management systems.
11. List the functions of database management systems.
12. List the components of DBMS.
13. Explain briefly the differences between the relational and hierarchical DBMS.
14. Explain briefly the differences between the network and object oriented DBMS.
15. Define a dataware house and explain briefly their specifications?
16. Data warehouse is a large typical relational database that supports management decision making, explain that briefly.
17. Define a data mining and what are the stages of data mining?
18. Data mining is usually used by business intelligence organizations, explain that briefly.
19. List the activities between web to database middleware.
20. List the interactions between web to database middleware using ODBC.

Multiple choice questions

1. The introduction of electronic computers, raised the level of
   a) data storage and retrieval requirements.
   b) data storage and screen requirements.
   c) data storage and software requirements.
   d) data storage and hardware requirements.

2. Data processing system components are in sequence of
   a) input, processing, and output.
   b) input, output, and processing.
   c) processing, input, and output.
   d) all of the above.

3. An effective information system provide users with
   a) accurate, timely, and relevant information.
   b) accurate, timely, and relative information.
   c) accurate, timely, and reverse information.
   d) all of the above.

4. A group of records of the same types is called
   a) a file.
   b) a directory.
   c) a message.
   d) all of the above.

5. A group of characters, a group of words or a complete number is called
   a) a field.
   b) a file.
   c) a string.
   d) all of the above.

6. A group of related files make up
   a) a database.
   b) a database system.
   c) a database management system.
   d) all of the above.

7. In DBMS, the presence of duplicate data in multiple data file is called
   a) data redundancy.
   b) data duplication.
   c) data inconsistency.
   d) all of the above.

8. In DBMS, data redundancy wastes storage resources and leads to
   a) data inconsistency.
   b) data redundancy.
   c) data duplication.
   d) all of the above.

9. A DBMS, is the software that permits an organization to
   a) all of the bellow.
   b) centralize data.
   c) manage data efficiently.
   d) provide access to the storage data by application programs.

10. A DBMS, has three components:
    a) data definition language, data manipulation language, and data dictionary.
    b) data definition language, data processing language, and data dictionary.
    c) data definition language, data operation language, and data dictionary.
    d) data definition language, data managing language, and data dictionary.

11. Database systems are composed of the five major parts:
    a) hardware, software, people, procedures, and data.
    b) hardware, software, people, programs, and data.
    c) hardware, software, people, packages, and data.
    d) all of the above.

12. A DBMS, that represents all data in a database as simple two dimensional tables called:
    a) relational DBMS.
    b) hierarchical DBMS.

c) network DBMS.

d) object-oriented DBMS.

13. A DBMS, that organized data into a tree-like structure called:

a) hierarchical DBMS.

b) relational DBMS.

c) network DBMS.

d) object-oriented DBMS.

14. A DBMS, that organized data into a tree-like structure called:

a) hierarchical DBMS.

b) relational DBMS.

c) network DBMS.

d) object-oriented DBMS.

15. A DBMS, that permits the modeling of many-to-many relationships in data called:

a) network DBMS.

b) relational DBMS.

c) hierarchical DBMS.

d) object-oriented DBMS.

16. A dataware house is database that stores

a) current and historical data of potential interest.

b) current and future data of potential interest.

c) future and historical data of potential interest.

d) all of the above.

17. Data mining is both a powerful and profitable tool, but it poses challenges to the protection of

a) individual privacy.

b) individual security.

c) individual influence.

d) all of the above.

18. The two well defined web server interfaces are:

a) common gate interface and application programming interface.

b) web browser interface and web server interface.

c) HTML interface and XML interface.

d) database connectivity interface and database interaction interface.

19. The goal of ODBC is to make it possible

    a) to access any data from any application.

    b) to access any data from special applications.

    c) to access any data object oriented applications.

    d) non of the above.

20. The proper use of ODBC is in

    a) web applications.

    b) computer applications.

    c) network applications.

    d) non of the above.

Chapter Seven

الشبكات والاتصالات

Networks and Telecommunications

Learning Objectives

1. Identify the concepts of networks.

2. Identify the concepts of telecommunications.

3. Compare various types of networking.

4. Compare various types of telecommunications.

5. Understanding Internet Service Provider.

6. Understanding the Internet Growth.

7.1 مقدمة Introduction

The 1990's mark the beginning of a "Telecommunications Revolution". This can mean a quantum change in the information available to people and organizations. Although the transition will be slow for some, the development seems inevitable. Eventually, all of us will be affected and all of us will be dependant upon the new technology as a basic information resource.

الاتصالات السلكية واللاسلكية تساعد على أنتقال الاشارات بكافة أشكالها عبر مسافات معينة لغرض تحقيق الاتصال، ففي الماضي كانت تستخدم طرق مختلفة لايصال الاشارات منها الدخان والطبول والأعلام والإشارات وغيرها، أما اليوم فدخلت الاجهزة الالكترونية في أيصال البيانات كالهاتف والراديو والتلفاز والحاسوب والانترنت، حيث أصبحت الاتصالات اليوم جزءا مهما من المجتمع الحديث. التوجه السريع لكيفية تطويع التكنولوجيا وبضمنها الاتصالات له تأثير كبير في الصناعة والتجارة وأسلوب الحياة وهذه التغيرات لها تأثير كبير في الاماكن التي تنتشر فيها على المدى القريب والبعيد أي كذلك في المستقبل. نحن نعيش اليوم في وسط عالم تكنولوجيا المعلومات الذي يعتمد بالدرجة الرئيسة على الاتصالات وشبكات الحاسوب، فلو رجعنا قليلا الى بداية التسعينيات فأننا نرى أن جميع أتصالات الاعمال تتم أما عن طريق البريد التقليدي لنقل الطرود والرسائل وأما عن طريق الهاتف السلكي لنقل الاشارات الصوتية. أما اليوم فتلك الاعمال تتم عن طريق الانترنت والبريد الالكتروني والهاتف الخلوي والشبكات اللاسلكية وغيرها من التقنيات الحديثة التي أصبحت من ضروريات الحياة ومن الميزات الاساسية لهذا العصر، فلا يمر يوم الا ونسمع عن ظهور أجيال جديدة وخدمات أضافية في هذا المجال الحيوي. كيف يمكنك أن تتصور العالم اليوم بدون تقنيات الاتصالات وبدون الراديو والتلفاز أو حتى بدون الهاتف الخلوي فقط؟ كيف يمكنك أن تتصور بلد يخلو من هذه التقنيات وكيف تكون فيه الحياة وكيف تدار فيه الاعمال؟ أنها لعملية صعبة جدا ولايمكن تصورها، حيث

أن هذه التقنيات أصبحت العماد الاساس والرئيس للأقتصاد والاعمال وأصبحت المحور الـذي يقاس به التقدم والتطور في أي البلد. تدار أغلب الاعمال في الشركات والمؤسسـات بأستخدام هذه التقنيات بل يتعدى ذلك الى أنه بالأمكان أجراء أغلب الاعمال والصفقات التجاريـة عـن طريقها وبأسعار زهيدة.

7.2 نظم الاتصالات — Communications Systems

> In telecommunication, a **communications system** is a collection of individual communications networks, transmission systems, relay stations, tributary stations, and data terminal equipment (DTE) usually capable of interconnection and interoperation to form an integrated whole.

الانسان عندما ينادي شخصاً ما فأنه في الواقع يرسل معلومات الى ذلك الشخص وأن الشخص الاخر يستقبل هذه المعلومات، وأن هذه المعلومات أي الكلام سينتقل خلال الفضـاء وبمعنى أخر هذا هو نظام مبسط للاتصالات وهو يتكون من مرسل ومسـتقبل ووسـط لنقـل المعلومات. نظم الاتصالات كثيرة ومختلفة فمنها السـلكية التي تعتمـد عـلى الاسـلاك لنقل المعلومات كالربط بين الحاسوب والطابعة أو ربط مجموعة حواسيب مـع بعضها بأستخدام الاسلاك، ومنها اللاسلكية التي لاتحتاج الى أسلاك لنقل المعلومات كأنظمة الاتصالات الخلويـة وأنظمة الاقمار الصناعية. بالامكان ربط مجموعة من الاجهزة بين مدن وبلدان مختلفـة كـما هو الحال مع شبكة الهاتف حيث أنها تمثل نظام أتصالات على نطاق واسع، وكذلك بالامكان ربط مجموعة من الحواسيب مع بعضها ومع أجهزة وملحقات أخرى لنقل وتبادل المعلومات حيث أن ذلك يمثل نظاماً للأتصالات لمسافات قريبة. ولو نظرنا الى جهاز الحاسوب لوجدنا أنه يتكون من صـندوق يحتوي عـلى اللوحـات الالكترونية أضـافة الى الشاشـة ولوحـة المفاتيح والماوس وغيرها من الملحقات وأن هذه المكونات تربط مع بعضها بأسلاك لغرض نقل وتبادل المعلومات وهذا يعني أنه كذلك يمثل نظام أتصالات. أما لو دققنا أكثر في صـندوق اللوحـات لوجدنا ترابط

مع بعضها البعض لنقل وتبادل المعلومات كذلك أي أن هناك نظام أتصالات يتحقق. وأمـا لـو دققنا أكثر في اللوحة الالكترونية الواحدة لوجدناها مكونة من دوائر ألكترونية متكاملة وأنها موصلة مع بعضها أي أنها كذلك تمثل نظام أتصالات. وأخيرا فأن الدوائر المتكاملة مكونة مـن عناصر ألكترونية صغيرة موصلة مع بعضها وهي كذلك تمثل نظام أتصالات. وفي ضوء ذلك بأمكانك تصور نظم الاتصالات مـا بـين الـنظم ذات الاجهـزة الكبيـرة والـنظم ذات العناصـر الصغيرة وأن كلاً منها يحقق عملية الاتصالات أي يحقق نقل وتبادل المعلومات. وفي ضوء مـا تقدم يمكن القول إن هناك نظماً للأتصالات تستخدم للمسافات القريبـة وأخـرى للمسـافات البعيدة وكلاهما أما أن يكون سلكيا أو لاسلكيا وحسب الوسط الذي يُستخدم لنقل البيانات.

7.3 أتجاهات الشبكات والاتصالات Networking and Communications Treands

Two trends are driving the networking revolution: the globalization of the world economy and its implications for the way financial transactions and information exchanges happen; and related changes in people's social and working lives, their lifestyles, work environments, and work practices.

الشبكات والاتصالات عنصران ضروريان ومترابطان مـع بعضهما البـعض ويكمـل أحدهما الاخر، فلايمكن بناء شبكات دون توفير بيئة جيدة للأتصالات لخدمة هـذه الشبكات وكذلك فأن البنية التحتية للأتصالات أذا لم تستغل بالشـكل الصحيح والكفـوء فأنها تكون مُكلفة وغير ذات جدوى. قيادة ثورة الشبكات والاتصالات يتحكم فيها أمـران هـما عولمـة الاقتصاد العالمي وأثرها على طريقة سير التعاملات المالية وتبادل المعلومـات، والتغـيرات ذات الصلة في الحياة الاجتماعية للناس والعمل وأساليب حياتهم وبيئات العمل وممارسات العمل.

الافراد والشركات والمؤسسات عند أستخدامهم الشبكات والاتصالات يطمحون في الحصول على مواصفات جيدة تحقق لهم الدقة والكفاءة في العمل والاداء أضافة الى كونها ذات كلفة مقبولة. وفي ضوء ذلك يمكن تحديد عدد من التوجهات المستقبلية للشبكات والاتصالات وكما موضح في الشكل (7.1) وهي كما يأتي:

- الابتكار التكنولوجي والتطور السريع أدى الى زيادة وأنتشار الاجهزة الجديدة والبدائل الجديدة لاتصالات الاعمال بأستخدام الاتصالات اللاسلكية والخلوية.
- أستمرار تحرير الاتصالات من القيود أدى الى تشجيع المنافسة وخفض الاسعار وخلق بدائل كثير لتأدية هذه الخدمات.
- التفريق بين مجهزي الهاتف وكابل التلفاز والانترنت وأتصالات الاقمار الصناعية، حيث أصبح وأضحا لكل من المجهزين السعي لتوفير الخدمات المطلوبة.
- زيادة هيمنة تكنولوجيا الانترنت بأستخدام التقنيات الحديثة ومنها الوسائط المتعددة للفديو والصوت والبيانات.
- النمو السريع لاتصالات الحزمة الواسعة ذات السرعة العالية في البيت والعمل أدى الى أستخدامها لنقل معلومات أكبر.
- النمو والانتشار السريع لاتصالات الهاتف اللاسلكي وشبكات الحواسيب اللاسلكية والاجهزة النقالة والخلوية.
- أتساع نطاق خدمات الاتصالات المكثفة من حيث الخدمات والاجهزة.

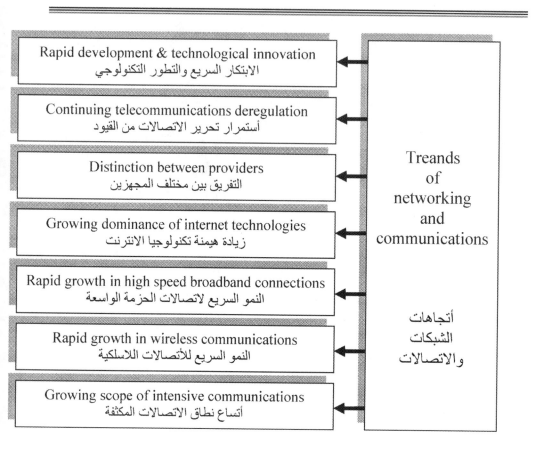

شكل (7.1) أتجاهات الشبكات والاتصالات

7.4 الاتصالات في قطاع الاعمال Telecommunications in Business

Telecommunications is communications over a distance, so telephone, fax, e-mail, mobile, networks, and Internet, non of these services would be available without moders reliable fast telecommunications.

تكنولوجيا المعلومات لها أثر كبير وفعال في قطاع الاعمال وتزداد الاهمية عندما نتكلم عن الشبكات والاتصالات حيث أنها تؤدي دورا رئيسا وأساسا في قطاع الاعمال. كلنا يعرف أن المعلومات أصبحت عماد الاقتصاد والاعمال وأن الشركات والمؤسسات لايمكن أن تتقدم وتتطور بدون التطور المعلوماتي والمعرفي وأن للبنية التحتية للشبكات والاتصالات الفضل الاكبر في أنتقال البيانات والمعلومات من نقطة الى أخرى ومن مؤسسة الى أخرى ومن بلد الى أخر، فلولا الاتصالات الحديثة لما كان هناك أي نوع من التقنيات كالهاتف الاعتيادي والنقال وأجهزة الفاكس وشبكات اللحاسوب والانترنت وخدماتها من الايميل والدردشة وغيرها من التقنيات والتي تعد اليوم أساس الاعمال. تكنولوجيا الشبكات والاتصالات قدمت اليوم كثير من التحسينات في عمليات الاعمال:

- أتصالات أفضل للاعمال، حيث توفرت كثير من التقنيات كالبريد الالكتروني والصوتي والرسائل القصيرة والمحادثات والمؤتمرات سواءا بأستخدام الانترنت او الهاتف الخلوي والتي لها دور كبير في عملية الاتصالات ونقل المعلومات بين المؤسسات.
- كفاءة أعلى، حيث ان الاتصالات جعلت عمليات الاعمال أكثر كفاءة وأن المعلومات الالكترونية يمكن أن تصل لاي شخص له علاقة بالعمل بشكل فوري ودون تأخر مهما كانت المسافة.
- توزيع أفضل للبيانات، حيث أن المنظمات بأمكانها أرسال البيانات من جهاز حاسوب الى أخر بشكل سريع جدا، وأن هذه البيانات بالامكان خزنها على أحد

الاجهزة الرئيسة حيث يكون بأمكان بقية الاجهزة الدخول عليها والحصول على ما يحتاجوه من بيانات.

- العمليات الفورية، حيث أن الانترنت وفرت بيئة عمل ملائمة وفعالة لملايين الاعمال والزبائن حيث بأمكانهم البيع والشراء بشكل مباشر وفوري عن طريق الوب.

- قوى عاملة مرنة ومتحركة، حيث أن الموظفين ليس من الضروري لهم الذهاب الى المكتب أو المؤسسة للحصول على واجبهم في العمل، أذا كان ذلك العمل يتعلق بالمعلومات.

- قنوات بديلة، حيث أنه بالامكان أستخدام قنوات بديلة لمتابعة الاعمال، فمثلا الاتصالات الصوتية أصبحت متاحة عن طريق الهاتف الخلوي والانترنت والراديو والتلفاز، أضافة الى أن أسعارها أصبحت قليلة.

7.5 قيمة الاعمال بألاتصالات   The business value of telecommunications

---

As a network grows, its value to each individual user increases, and the total value of the network increases much faster than the number of users. Metcalfe's Law states that the value of a network grows is proportion to the square of the number of users.

السنوات الخمس الاخيرة شهدت أنفجارا هائلا في أستخدام البريد الالكتروني والرسائل القصيرة والشبكات اللاسلكية والانترنت اللاسلكي والشبكات الخلوية وغيرها من وسائل الاتصالات والسبب في ذلك يرجع الى أن المؤسسات حصلت على قيمة أستثنائية للأعمال من خلال مشاركة شبكات الاتصالات. وطبقا لقانون ميتكلف (Metcalfe,s law) عام 1992 فأن وجود أكبر عدد من الاشخاص يشاركون في الشبكة يعني أن قيمتها أعلى وهذا القانون ينص على أن قيمة نمو الشبكة يتناسب مع مربع عدد المستخدمين، وهو الذي أنتج أول متصفح ويب تجاري. لو كان لدينا شخصان أو عقدتان على الشبكة

فأن كل شخص يستطيع أن تكلم مع الاخر وأن هناك خطين للأتصال بينهما (الاول الى الثاني والثاني الى الاول)، أما لو كان لدينا ثلاث عقد على الشبكة فهذا يعني أن لدينا ستة خطوط للأتصالات وهكذا، حيث أن كل خط يمكن أن يضيف قيمة وفي حالة الانترنت فأن هناك ملايين الاشخاص الموجودين على الانترنت في أية لحظة وهم في زيادة مستمرة. ثورة الاتصالات أضافت قيمة جديدة للأعمال من خلال:

- خفض تكاليف الاعمال، حيث أصبحت الكلفة عند الشراء والبيع والمساومة في السوق التقليدي والسوق الرقمي من خلال كون الشبكات تتميز بكلفة أقل وقوة أكبر.

- خفض تكاليف الوكالة، حيث أن تكاليف الادارة تندرج في أن المديرين قادرون على رصد أداء الموظفين والاسواق عن بعد من خلال الشبكات.

- زيادة السرعة، حيث أن المديرين والشركات بأمكانهم الاستجابة بسرعة أكبر لتغيرات ظروف بيئة العمل.

- قرارات أدارة الجودة العالية، حيث أن المديرين على الارجح يتخذون قرارات صحيحة أستنادا الى معلومات صحيحة وفي الوقت المناسب.

- أزالة الحواجز الجغرافية، حيث ان مقاهي الانترنت منتشرة في كل مكان وأن المشتري بأمكانه الوصول الى البضاعة المطلوبة دون الحاجة الى الوسطاء.

- أزالة الحاجز الزمني، حيث أن كثيراً من الاعمال البرمجية بالامكان القيام بها وأنتاجها وتسليمها عبر الانترنت، فهناك مثلا يوم يبدأ في بلد معين بينما ينتهي يوم في بلد أخر وفي نفس الوقت فالعمل يكون متواصلاً على مدار الساعة.

- أزالة الحواجز المكانية، حيث أن أستخدام الجيل الثالث للهواتف الخلوية يمكنك من الدخول الى الانترنت من أي مكان يحتوي على التغطية وهذا يكسر ـ حاجز المكان أضافة الى أن الانترنت قد كسرت حاجز الزمان.

7.6 شبكات الحاسوب Computer Networks

> *Network*, is defined as two or more computers that are connected with one another for the purpose of communicating data electronically, under a certain protocol.

الشبكات كثيرة ومتعددة حيث هناك شبكة نقل الطاقة الكهربائية وشبكة خطوط الهاتف الثابت وشبكة الهاتف الخلوي وغيرها، أما شبكة الحاسوب فتعني ربط حاسوبين أو أكثر مع بعضها البعض بهدف نقل المعلومات الكترونيا وضمن قوانين معينة تسمى البروتوكولات (protocols)، أخذين بنظر الاعتبار أن كل الاجهزة المتوافقة التي تقوم بأرسال وأستلام البيانات على الشبكة هي جزء من الشبكة. هناك أنواع وأشكال مختلفة لشبكات الحاسوب ولكن بشكل عام يمكن تقسيمها حسب حجمها والمساحة التي تغطيها الى عدة أنواع وكما موضح في الشكل (7.2):

1. الشبكات المحلية Local Area Networks (LAN)، وهذا النوع يعد الاكثر شيوعا من شبكات الحاسوب ويغطي مسافات قصيرة ويستخدم لربط طابق في بناية أو بناية كاملة أو مجموعة من البنايات المتقاربة في مجمع معين. الشبكة المحلية تشمل ربط مجموعة من الحواسيب وملحقاتها والطابعات والاجهزة الاخرى مع بعضها ضمن منظمة معينة بحدود عدة كيلومترات. الشبكات المحلية تنشأ من قبل المنظمة لتعزيز الاتصالات بين الموظفين ولمشاركة مصادر تكنولوجيا المعلومات. الشبكة المحلية يمكن أن تنشأ في المنزل لربط مجموعة الحواسيب والاجهزة المرفقة معها ومع الانترنت لمشاركة البيانات بمختلف أشكالها.
2. الشبكات الاقليمية Metropolitan Area Networks (MAN)، وهذا النوع من الشبكات ينشأ من ربط عدة شبكات محلية مع بعضها لتغطية مدينة أو منطقة كبيرة وغالبا ما تمتد الى مسافة 50 كيلومتر. بأمكان شبكة المختبر الطبي أن تربط مع شبكة المستشفى ومع شبكة الصيدلية وأن هذه الشبكات المحلية مع بعضها ضمن المدينة تكون الشبكة الاكبر التي تدعى بالشبكة الاقليمية. وكذلك فأن المجموعة

المحلية لنفس المنظمة أو لمنظمات مختلفة يمكن أن تكون شبكة أقليمية أذا ما ربطت مع بعضها.

3. الشبكات الواسعة Wide Area Networks (WAN)، وهي الشبكات بعيدة المدى وتتكون من ربط مجموعة من الشبكات المحلية أو الأقليمية والتي تمتد لمسافات أكبر من 50 كيلومتر، وأن منها ما يصل الى مسافات بعيدة جدا لتربط عدة أقطار مع بعضها. أن أبسط أنواع الشبكات الواسعة هو الربط بمزود خدمة الشبكة عن طريق وصلة الخط الهاتفي، وأن أعقد أنواع الشبكات الواسعة هو الربط بين شبكتين محليتين في بلدين مختلفين عن طريق الاقمار الصناعية.

4. شبكات القيمة المضافة Value - Added Networks (VAN)، وهي الشبكات التي تقوم بتعزيز خدمات الشبكة، وتقوم بتأدية الاحتياجات التنظيمية في موثوقية تراسل البيانات بينما تقوم بالتخفيف من عبئ المنظمة بتجهيزها بأدارة وأدامة الشبكة. الكثير من الاعمال التجارية تتطلب استخدام شبكات القيمة المضافة لتبادل البيانات الالكترونية Electronic Data Interchannge (EDI) مع الاعمال الاخرى ومع المزودين والمشترين.

5. الشبكات الشخصية Personal Area Networks (PAN)، وهذه الشبكات غالبا ما تكون لاسلكية للاجهزة المحمولة والاجهزة الخلوية والحواسيب المحمولة وغيرها وهي تستخدم من قبل شخص واحد أو شخصين فقط. الشبكات الشخصية تستخدم لمسافات قصيرة تقدر بعشرة أمتار ومن الامثلة الشائعة عليها البلوتوث (Bluetooth)، حيث بالامكان أستخدامها لنقل وتبادل المعلومات بين شخصين.

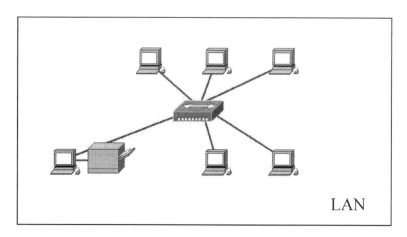

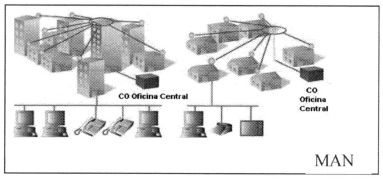

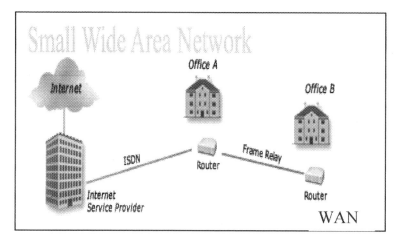

شكل (7.2) أنواع مختلفة لشبكات الحاسوب

7.6 أجهزة الربط الشبكي Networking Hardware

Networking hardware typically refers to equipment facilitating the use of a computer network. Typically, this includes, network interface cards, hubs, bridges, switches, routers, repeaters, access points, and other related hardware.

الشبكات تستخدم أجهزة مختلفة لربط الحواسيب وملحقاتها مع بعضها وكذلك ربط الشبكات مع بعضها. لربط مجموعة من شبكات الحاسوب على نطاق مؤسسة أو وحدة أدارة لابد من توفير البنية التحتية التي تسهم في أنشاء الربط الشبكي وتتضمن بطاقات واجهة الشبكة والمجمعات والجسور والمبدلات والموجهات والمكررات ونقاط التوصيل أضافة الى الكابلات وكل ماتحتاجه الشبكة من معدات أخرى وسوف نتعرف الى هذه المعدات بأختصار كما هو موضح في الشكل (7.3).

بطاقة واجهة الشبكة network interface card (NIC)، وتسمى كذلك بمحول الشبكة وهي جزء من مكونات الحاسوب تهدف الى أتاحة المجال للحواسيب بالاتصال مع الشبكة الحاسوبية. وهناك بطاقات أخرى تقوم بأهداف مشابهة كبطاقة الاثرنت (Ethernet card) التي تقوم بأيصال حواسيب الشبكة المحلية.

المجمع (hub)، وهو نقطة توصيل الاجهزة في الشبكة وتوجد أنواع مختلفة منه ويستخدم لربط الحواسيب وملحقاتها في الشبكة المحلية والنوع الشائع منه يرسل الاشارة بدون تقوية.

الجسر (bridge)، توجد أنواع مختلفة من الجسور وتستخدم على الاغلب في ربط الشبكات المحلية مع بعضها ومن مواصفاته يقوم بتقوية الاشارة عند أرسالها.

المبدل (switch)، وهو تقنية حديثة تستخدم لربط مجموعة الحواسيب مع بعضها ضمن الشبكة المحلية وكذلك لربط الشبكات المحلية مع بعضها، أي أنها تحمل ميزات المجمع والجسر.

الموجه (router)، وهو جهاز يستخدم فهرسة الانترنت في أرسال البيانات ويستخدم هذا الجهاز مع الشبكات الواسعة ومع الانترنت.

المكرر (repeater)، وهو جهاز يستخدم لتقوية الأشارة عندما تكون ضعيفة وغالبا ما يستخدم في الشبكات للمسافات البعيدة ويساعد على أرسال الأشارة الى مسافات بعيدة ويمكن أعتبار الجسر عبارة عن مكرر أذا قام بتقوية الاشارة.

نقطة الاتصال اللاسلكية (access point)، وهي النقطة التي تربط الحواسيب والاجهزة ضمن الشبكة اللاسلكية.

(1) بطاقة واجهة الشبكة

(2) جهاز المجمع

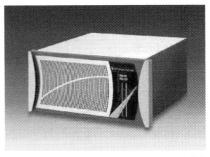

(3) جهاز الجسر

(4) جهاز المبدل

(5) الموجه

(6) جهار نقطة الاتصال اللاسلكي

شكل (7.3) أجهزة الربط الشبكي

Case Study:
This is a Private Wide Area Networks in Canada.
Try to find all networking devices in this WAN.

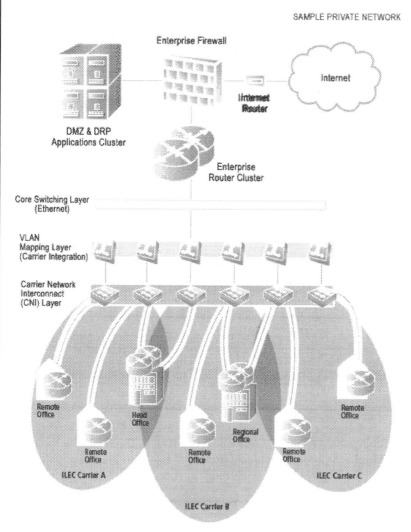

Case Study:
Repeat the above considering your university and their colleges as case study.

Case study:
Computer Networking Design Tips

Networks and network servers need to be designed according to the requirement of the organization. Here are some tips for Computer networking design:

- Server Processor: the processor is to the network what the heart is to the body. It is what processes all the activities of the network. Pentium Processors are superior processors for use in network designing.
- Hard Disk: Hard disks are where all the data is stored permanently. While selecting a hard disk for a network, consider the Smart Monitoring and Reporting Technology, as this is what will be monitoring the hard drives. Provide the network with a hot swap disk drive that can replace the faulty hard disk.
- Clustering: This is an environment created on the network when two or more servers operate as a single server. This is so as to encourage performance, reliability and load balancing.
- Memory Performance: while you are selecting the memory for the network in progress consider Error Correcting Code technology, this fixes and repairs errors of single and multi bit varieties.
- Power Supply: there is a need for multi-power supply while designing a network. This is done so that in the case of failure of one source of power supply there is always another available.
- UPS: there is a need for UPS or Uninterrupted power supply for networks so as to balance any sudden jerks in electricity that can cause damage to the network and server.
- Cooling fans: every server set up in the network needs a cooling system and this is what the cooling fans do inside the server.
- Computer Monitoring Hardware: this is a designed adapter that monitors the performance of the various parts of the hardware of the computer.
- Computer Monitoring Software: there are thousands of computers monitoring software available in the market to monitor the performance of the server and the other computers in the network.
- Data Server Location: the network server needs to be placed in an environment that is dust-free, has a capacity for cooling and should be clean. And this location should be accessible to authorized personnel.

Case Study:
Select an organization and try to design a network according to the requirements.

7.7 الانترنت Internet

The **Internet** is a worldwide, publicly accessible series of interconnected computer networks that transmit data by packet switching using the standard Internet Protocol (IP).

تغطي الانترنت جميع أنحاء العالم، وهي أضخم شبكة للمعلومات في العالم وهي متاحة للجميع وبأمكانهم الربط عن طريق الشبكات الحاسوبية الفرعية وتنقل البيانات عن طريقة تحويل الحزم (packet switching) بأستخدام بروتوكول الانترنت (Internet Protocol). أي شخص بأمكانه الربط بالانترنت كما موضح في الشكل (7.4) أذا توفر لديه جهاز حاسوب وجهاز مودم وخط هاتفي فعال أضافة الى الاشتراك مع أحد مزودي الانترنت (Internet provider).

شبكة الوب العالمية (World Wide Web) هي أكثر شبكة شهرة في تزويد الخدمة من قبل الانترنت، حيث تقدم للمستخدمين ملايين من صفحات الوب والتي تتضمن النصوص والرسومات والصوت والفديو والاجسام الاخرى. الانترنت من الناحية التكنولوجية هي عبارة عن نظام عالمي للمعلومات يتضمن ثلاث ميزات أساسية:

- شبكة واسعة تحتوي على حواسيب وأجهزة أخرى مربوطة مع بعضها البعض ولكل جهاز عنوان فريد يميزه عن الاجهزة الاخرى.
- الشبكة الواسعة لها القابلية لدعم عملية الاتصالات بأستخدام بوتوكول مراقبة الارسال / بروتوكول الانترنت Transmission Control Protocol/Internet Protocol (TCP/IP).
- الشبكة الواسعة التي تزود خدمات عالية المستوى ذات طبقات في الاتصال والبنية التحتية للشبكة.

مزود خدمة الانترنت Internet Service Provider (ISP) هي منظمة تجارية على أتصال دائم على الانترنت وتبيع أتصالات مؤقتة لمشتركي البيع بالمفرد ومنها ياهو

(Yahoo) وكوكل (Google) وغيرهم من المزودين. وهذه الاتصالات يمكن أن تجهز عن طريق خطوط الهاتف أو خطوط الكابلات أو الربط اللاسلكي.

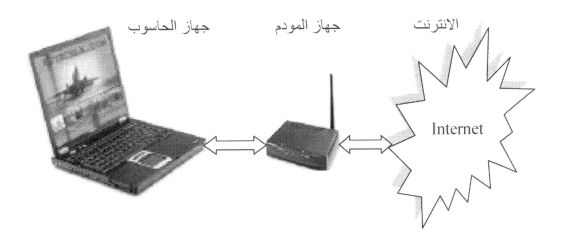

جهاز الحاسوب
جهاز المودم
الانترنت

شكل (7.4) الربط الى الانترنت

7.8 أدارة الانترنت Internet Governance

قبل الدخول في تفاصيل أدارة الانترنت لابد من فهم كيفية التعرف الى الاسماء والعناوين في الانترنت، فلو فكرت في أرسال رسالة بالبريد الاعتيادي الى بلد ما فأنك ستضع الرسالة في مغلف وتكتب العنوان على المغلف ويحتوي العنوان على البلد والمدينة والحي والشارع ورقم البناية ورقم الشقة ثم ترسل الرسالة حيث تصل الى العنوان المثبت عليها. هذا بالنسبة الى البريد الاعتيادي أما البريد الالكتروني أو الانترنت فأن هذا النظام يدعى أسم النطاق (DNS) domain name system والذي يحول عناوين بروتوكول الانترنت (Internet Protocol) الى أسماء نطاق، وأن خادمات نظام أسم النطاق تحتفظ بقاعدة بيانات تحتوي على عناوين بروتوكولات الانترنت والتي تُحول الى ما يقابلها من

الاسماء. الشكل (7.5) يوضح التركيب الهيكلي لنظام أسم النطاق، حيث يمثل الجزء الاعلى جذر الانترنت (Internet Root Domains) ، وأن الجزء الاول يمثل نطاق المستوى الاعلى (Top Level Domain) والذي يحتوي على حرفين أو ثلاثة (com, .edu ...etc.)، وأن الجزء الثاني يمثل نطاق المستوى الثاني (Second Level Domain) والذي يمثل بجزئيه (buy.com)، وأن الجزء الثالث يمثل نطاق المستوى الثالث والذي يمثل بثلاثة أجزاء (sales.google.com).

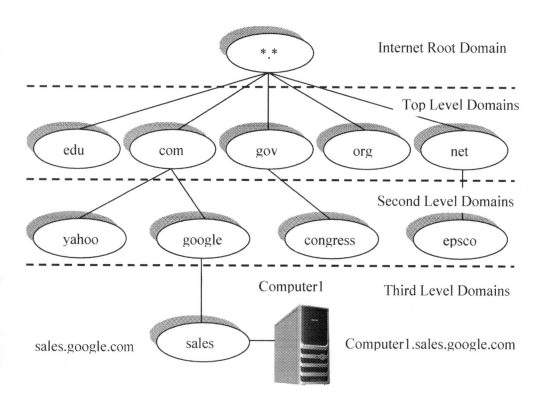

شكل (7.5) التركيب الهيكلي لنظام أسم النطاق

لا أحد يملك الانترنت ولاتوجد أية منظمة أدارة رسمية بحد ذاتها، وعلى أية حال فأن سياسات الانترنت في جميع أنحاء العالم بدأت بعدد من المنظمات والحكومات المختلفة وتشمل ما يأتي:

- مجلس هيكلية الانترنت Internet Architecture Board (IAB)، الذي يساعد في تعريف كل هيكلية الانترنت.

- مؤسسة الإنترنت لتخصيص الأسماء والأرقام Internet Corporation for Assigned Names and Numbers (ICANN)، والتي تخصص عناوين بروتوكولات الانترنت.

- مركز معلومات شبكة الانترنت Internet Network Information Center (InterNIC)، والذي أُنشئ من قبل القسم التجاري للولايات المتحدة ويعطي أسماء النطاقات.

- مجموعة توجيه هندسة الانترنت (Internet Engineering Steering Group (IESG)، الذي يشرف على وضع المعايير بالنسبة الى الأنترنت.

- فرقة هندسة الانترنت Internet Engineering Task Force (IETF)، والتي تتنبأ بالخطوة المقبلة لنمو الانترنت مع أستمرار مراقبة التطور والعمل.

- جمعية الانترنت Internet Society (ISOC)، وهي مجموعة من الشركات والمكاتب الحكومية والمنظمات غير الربحية التي ترصد السياسات والممارسات.

- مؤسسة شبكة الوب العالمية World Wide Web Consortium (W3C)، والتي تضع المعايير البرمجية للوب.

7.9 البروتوكولات   Protocols

A **communications protocol** is the set of standard rules for data representation, signalling, authentication and error detection required to send information over a communications channel.

فلو أردت أن تشتري داراً لابد أن توقع عقدا بينك وبين الطرف الاول تُثبت به الشروط المتفق عليها، ولو أردت أن تنشئ مشروعا تجاريا فأنه لابد من تثبيت كافة الشروط المتعلقة بالمشروع كذلك. أن التخاطب الكلامي بلغة معينة يحتم عليك أن تفهم قوانين وقواعد تلك اللغة لكي تستطيع التفاهم مع الشخص المقابل، وأن كل هذه العقود والاتفاقات في وجهة نظر الاتصالات يطلق عليها تسمية البروتوكولات. فبروتوكول الاتصالات هو مجموعة القوانين التي تحكم الاتصالات بين الحواسيب أو الحواسيب مع الاجهزة الاخرى لاجل تبادل البيانات، وعندما تكون هذه البروتوكولات خاصة بشبكات الحاسوب تسمى بروتوكولات الشبكة، وعندما لايتطابق الجهاز مع بروتوكول الشبكة فأنه لايمكن الاتصال به عن طريق هذه الشبكة.

ومن هذه البروتوكولات :

- بروتوكول سيطره الإرسال / بروتوكول الإنترنت / Transmission Control Protocol / Internet Protocol (TCP/IP) هو اللغة الأساسية للاتصالات او بروتوكول الانترنت، كما يمكن ان يستخدم كوسيلة لبروتوكول الاتصالات في الشبكات الخاصة الانترانت (Intranet) او الاكسترانت (Extranet). ويتضمن هذا البروتوكول أربع طبقات تبدأ من طبقة التطبق وتنتهي بطبقة واجهة الشبكة. عندما تدخل الى الانترنت من جهازك فأن جهازك سوف يحصل على نسخة من برنامج بروتوكول TCP/IP، وهذا يُمكنك من أرسال الرسائل والحصول على المعلومات من الانترنت.

- بروتوكول ربط النظم المفتوحة open systems interconnection (OSI)، وهو نظام الاتصالات بين الحواسيب ضمن شبكات الحاسوب، وهو نظام طبقات ويشمل سبع طبقات تبدأ من الاعلى بطبقة التطبيق وتنتهي في الاسفل بالطبقة المادية، فأما الارسال فيتم من الطبقة العليا الى الطبقة السفلى وأما الاستلام فيتم من الطبقة السفلى الى الطبقة العليا وهناك بروتوكول بين كل طبقة وطبقة مجاورة.

- بروتوكول الاثرنت (Ethernt protocol IEEE802.3)، وهذا البروتوكول الاكثر شيوعا لربط الشبكة المحلية، وهو يعتمد على فكرة ربط الحواسيب من خلال

مشاركة الكيبل المحوري والذي يعمل كوسط لارسال البيانات، علما بأن هذا الكيبل تمت الاستعاضة عنه بالمجمع (hub) أو المبدل (switch). يستخدم هـذا البروتوكـول لـربط منظمة صغيرة في بناية أو مجموعة بنايات متقاربة.

7.10 البحث عن المعلومات على الوب   Searching for Information on the Web

There are many freely available sources of information on the Internet, and many avenues to find them, including search engines, subject directories, listservs, and newsgroups. In addition to these sources, there are many subscription- or purchase-only online resources.

هناك العديد من مصادر المعلومات الحرة المتاحة عـلى شـبكة الانترنـت، أضـافة الى العديد من السبل والطرق للوصول الى هذه المعلومات منها محركات البحث وأدلة الموضوع والقوائم والمجاميع الاخبارية والمكتبات وغيرها، أضافة الى عمليات البيع والشراء التي تتم عن طريق الانترنت. عند البحث في الانترنت يجب أولا التحديد بشكل دقيـق مـاهو الشـئ الـذي نبحث عنه، ثم بعدها نقرر أياً من السبل أو الطرق التالية هي الانسب للبحث:

1. وضع موضوع البحث المحدد على شكل سـؤال، حيـث أن البحـث يـتم عـن طريـق أيجـاد جواب محدد على هذا السؤال.

2. تحليل الموضوع، حيث توضع قائمة بالمصطلحات والافكار التي تصف الموضوع والمرادفات وتحديـد الموضـوع بشـكل أدق. ثـم قائمـة بالاسـماء والمـؤلفين والمـنظمات والعنـاوين والمختصرات وكل ما له علاقة بالموضوع.

3. تحديد ما هو ترتيب الاجابة المطلوبة، ومن أي موضوع أو تخصص وهل تحتاج الى مصادر علمية أو مصادر عامة؟ هل تطلب كل شئ عن الموضوع أو بأختصار؟

4. أختر طريقة البحث الملائمة وأستخدمها.

5. تقييم النتائج، هل هي ذات صلة بالموضوع، أو أنك لابد لك من تغيير أستراتيجية البحـث؟ هل لديك ماتحتاجه من سؤالك، أو أنك بحاجة الى تغيير صيغة السؤال؟

6. تكرار العملية حسب الضرورة الى أن تحصل على المطلوب.

وللأستفادة من الانترنت في العملية البحثية فهناك ست مراحل أساسية للبحث الناجح وهـي كما موضح في الشكل (7.6) وكما يأتي:

1. أختيار الموضوع topic selection

2. أستراتيجية المشروع project strategy

3. جمع المعلومات information gathering

4. تنقية وتوليف refine and synthesize

5. مخطط المشروع project outline

6. المنتج النهائي final product

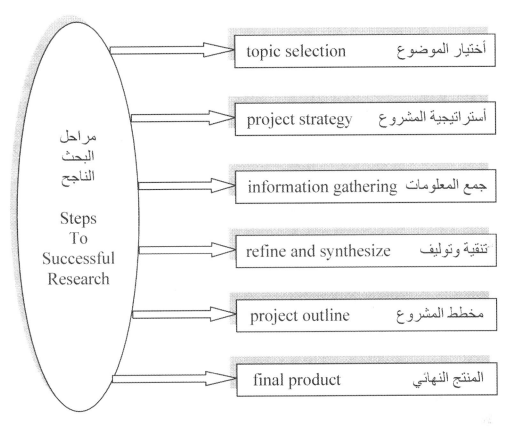

topic selection		أختيار الموضوع
project strategy		أستراتيجية المشروع
information gathering		جمع المعلومات
refine and synthesize		تنقية وتوليف
project outline		مخطط المشروع
final product		المنتج النهائي

مراحل البحث الناجح

Steps
To
Successful
Research

شكل (7.6) مراحل البحث الناجح

Internet Growth   7.11 نمو الانترنت

In a matter of very few years, the Internet has consolidated itself as a very powerful platform that has changed the way we do business, and the way we communicate. The Internet, as no other medium, has given an International dimension to the world and it is the Universal source of information.

شهدت السنوات الاخيرة نموا كبيرا في الانترنت من حيث عدد المشتركين من أفراد ومؤسسات وعدد المستخدمين وعدد الشبكات الفرعية المتصلة بالانترنت وهذا يُعزى الى أنتشارها الواسع في كافة أنحاء العالم وسهولة التعامل معها وأدخالها لخدمات كثيرة والزيادة الملموسة في كفاءتها أضافة الى أنخفاض كلفتها بشكل كبير جدا. السنوات الاخيرة أثبتت أن الانترنت قد وطدت جذورها بقوة على أنها قد غيرت الطريقة التي تؤدى بها الاعمال والطريقة التي يتم فيها الاتصال.

كلنا يعرف أن الانترنت بدأت في نهاية الستينات، ولكن الازدياد في عدد المستخدمين بدا ملحوظا في بداية التسعينات حيث أصبح أعداد المستخدمين يحسب بالملايين ولكن هذا الرقم يعتبر ضئيل جدا بالنسبة الى عدد سكان العالم. الشكلان (7.6) ، (7.7) يمثل أحدهما عدد مستخدمي الانترنت، ويمثل الاخر نسبة المستخدمين بالنسبة الى سكان العالم منذ عام 1995 لغاية 2007 وعلى مدى شهر من القياس وهذه الاحصائية مؤخوذة عن الموقع الالكتروني (http://www.internetworldstats.com/emarketing.htm) وعند التمعن في الشكل نلاحظ أنه في عام 1995 كان عدد المستخدمين هو 16 مليون وهذا العدد يمثل 0.4% من سكان العالم أي أن هناك 4 مستخدمين لكل 1000 نسمة وهذا العدد قليل جدا. أن أعداد المستخدمين يبدأ بالزيادة التدريجية (علما بأن عدد سكان العالم كذلك يزداد) الى أن نصل الى سنة 2000 حيث يصل عدد المستخدمين الى 361 مليون وهي كذلك تمثل نسبة قليلة من سكان العالم تصل الى 5.8%. ولو تابعنا ذلك بعد سنة 2000 نلاحظ طفرات ونمواً أكبر وأكبر ولغاية عام 2007 نجد أن عدد المستخدمين يصل الى 1245 مليون وهي نسبة معقولة بالنسبة الى عدد سكان العالم حيث تصل الى 18.9%. أما التوقعات المستقبلية لعدد المستخدمين فأنها ستكون أكثر بكثير من هذه النسب.

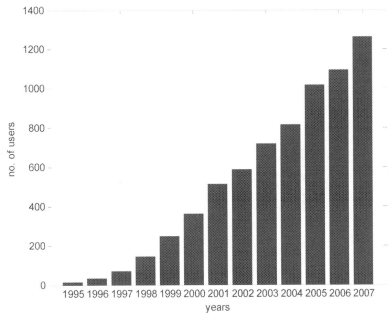

شكل (7.6) نمو أستخدام الانترنت

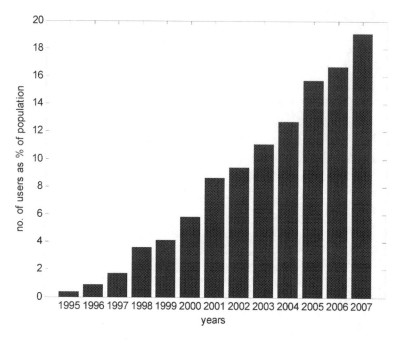

شكل (7.7) نسبة نمو أستخدام الانترنت نسبة الى سكان العالم

Alitalia

Case Study:

Using flexible date search from within our Special Offers section has led to a significant increase between the ratio of visits and tickets.

Alitalia launched QPX in 2004 and witnessed a 226% jump in internet sales within the first month of implementation. By March 2007, worldwide internet sales reached 12.6% of total Alitalia sales. Key to Alitalia's sustained internet growth are the advanced shopping capabilities they offer.

One such advanced shopping feature is flexible date shopping. QPX allows Alitalia to perform a comprehensive, availability-checked search across any range of dates. Some of our customers choose ±1 day, some choose 30 days. Alitalia prefers a 21 day flexible search, returned within a clear and intuitive calendar display. They've been able to successfully apply flexible date shopping with reward and revenue tickets, improving the overall shopping experience and driving direct sales.

Case Study: find a national company that gain benefits by using Internet and explain that.

Case Study:
Searching for Information on the Web

Searching for information on the Web can be rewarding, time-consuming, frustrating, or a combination of all three. Michael Gorman, Library Director at Cal State, Fresno, uses the following example to describe the Web search process:

- Take a book.
- Remove the cover.
- Remove the title page.
- Remove the table of contents.
- Remove the index.
- Cut the binding from the spine.
- Fling the loose pages that remain so they scatter about the room.
- Now, find the information you needed from that book.
- This is the Internet.

Fortunately, there are resources designed to help you find information on the Web. These resources are the World Wide Web Search Engines, and there are many search engines available. You can click on the Search button available in either Netscape or Internet Explorer to search for information on the Web, or you can go directly to a specific search engine page by entering the URL for the engine that you want to use.

Case Study: Considering searching for information on the web, try to identify a specific subject and then step by step how to reach the goal?

Directions: *Answer each of the questions after reading the article above. Write in complete sentences. You must think and be creative with your answers.*

1. Explain briefly the historical growth of the telecommunications revolution.
2. Explain briefly the historical growth of the Internet.
3. What are the differences between current and old business? Explain that briefly.
4. What are the effects of telecommunications on business?
5. What are the effects of computer networks on business?
6. What are the future trends on networking and telecommunications?
7. Explain briefly the benifts on business by applying network technologies and telecommunications.
8. The telecommunications revolution adds value to business. Explain that.
9. What is Metcalfe, s law? Explain briefly the relationship of network users.
10. List the advantages and disadvantages of using the networks LAN, MAN, and WAN.
11. List the advantages and disadvantages of using the networks VAN and PAN.
12. List the main components used in computer networks. Explain each one briefly.
13. Consider a bank with nine branches, each branch with two plants and each plant with 15 computers and one scanner and two printers. How to design a computer networks to connect all these sites?
14. List all the main three features of the Internet.
15. What is the difference between Internet and Intranet?
16. List the orginaizations that are responsible of the Internet.
17. Expalin briefly the structure of domain name system.
18. Explain briefly OSI and TCP/IP protocols.
19. What you need to connect your computer to the Internet?
20. Try to access the following site to get Arabic statistical use of Internet.
    http://www.internetworldstats.com/emarketing.htm

Multiple choice questions

1. The 1990's mark the beginning of a
    a) telecommunications revolution.
    b) networks revolution.
    c) electronic revolution.
    d) all of the above.

2. Communications system is a collection of
    a) all of the bellow.
    b) individual communications networks.
    c) transmission systemsand data terminal equipment.
    d) relay stations and tributary stations.

3. Many trends are driving the networking revolution:
    a) a and b.
    b) the globalization of the world economy.
    c) related changes in people's social and working lives.
    d) telecommunications revolution.

4. The future dimensions of telecommunications and networks are directed to:
    a) all of the bellow.
    b) Rapid development & technological innovation.
    c) Continuing telecommunications deregulation.
    d) Growing dominance of internet technologies.

5. The future dimensions of telecommunications and networks are directed to:
    a) all of the bellow.
    b) Rapid growth in high speed broadband connections.
    c) Rapid growth in wireless communications.
    d) Growing scope of intensive communications.

6. All of the following are communications over long distance, except:
    a) LAN and PAN.
    b) fixed telephone and cellular mobile.

c) e-mail and Internet.

d) MAN and WAN.

7. Metcalfe's Law states that:

   a) the value of a network grows is proportion to the square of the number of users.

   b) the value of a network grows is proportion to the number of users.

   c) the value of a network grows is not proportion to the number of users.

   d) non of the above.

8. Network is defined as:

   a) all of the bellow.

   b) two computers that are connected together for data communication.

   c) many computers that are connected together for data communication.

   d) huge number of computers that are connected together for data communication.

9. LAN is a computer network to connect PCs,

   a) within 500 meters radius.

   b) within 5000 meters radius.

   c) within 5 meters radius.

   d) within 50 meters radius.

10. MAN is a computer network to connect LANs,

    a) across a distance of 50 km.

    b) across a distance of 5 km.

    c) across a distance of 500 km.

    d) across a distance of 5000 km.

11. WAN is a computer network to connect LANs,

    a) across a distance of more than approximately 50 km.

    b) across a distance of less than approximately 50 km.

    c) across a distance of exactly 50 km.

    d) non of the above.

12. PAN is a wireless network to connect devices,

   a) within a maximum distance between devices is generally 10 meters.

   b) within a maximum distance between devices is generally 100 meters.

   c) within a maximum distance between devices is generally 1000 meters.

   d) non of the above.

13. Each computer or device connected to the network must have a,

   a) NIC

   b) NLC

   c) NOC

   d) non of the above.

14. A hub is a common device used to connect computers within,

   a) LAN.

   b) MAN.

   c) WAN.

   d) all of the above.

15. A switch is used to connect,

   a) all of the bellow.

   b) LANs.

   c) computers within a LAN.

   d) Computers within a PAN.

16. A bridge is a device used to connect,

   a) all of the bellow.

   b) two networks.

   c) two LANs.

   d) two PANs.

17. A router is a device used to route data,

   a) all of the bellow.

   b) to the next node.

   c) to the next network.

   d) to the final destination.

18. A modem is modulator/demodulator used to,

   a) translate communications signals from analog to digital and vice versa.

   b) translate communications signals from analog to digital only.

   c) translate communications signals from digital to analog only.

   d) non of the above.

19. The Internet is a worldwide, publicly accessible series of interconnected computer networks that transmit data by,

   a) packet switching using the standard Internet Protocol (IP).

   b) packet switching using the standard wide area network (WAN).

   c) packet switching using the standard local area network (LAN).

   d) non of the avove.

20. The Internet has consolidated itself as a very powerful platform,

   a) that has changed the way we do business, and the way we communicate.

   b) that has changed the way we do business.

   c) that has changed the way we communicate.

   d) non of the above.

Chapter Eight

الاتصالات اللاسلكية

Wireless Communications

<u>Learning Objectives</u>

1. Understanding the concepts of wireless networks.

2. Understanding the concepts of cellular networks.

3. Compare various types of wireless networks.

4. Compare the generations of cellular mobile systems.

5. Understanding the business value of wireless networking.

6. Understanding the concepts of wireless protocols.

7. Understanding the growth of mobile market.

8.1 مقدمة Introduction

Wireless communication is the transfer of information over a distance without the use of electrical conductors or wires. The distances involved may be short (a few meters as in television remote control) or very long (thousands or even millions of kilometers for radio communications).

تكلمنا في الفصل السابق عن الاتصالات السلكية وتأثير ذلك على التجارة والاعمال، وأما في هذا الفصل فسنتحدث عن الاتصالات اللاسلكية بتقنياتها الحديثة وأشكالها ودورها في دعم المنظمات والاعمال. لم تنشأ الاتصالات اللاسلكية وتتطور بمعزل عن الاتصالات السلكية بل أنها نشأت وتطورت نتيجة للبحث العلمي المستمر والاستثمار الدائم في هذا القطاع أضافة الى الاهمية الكبيرة والقيمة العليا التي يضفيها هذا القطاع الى المنظمات والاعمال.

عندما تتكلم أنت فسوف ترسل معلومات أي أنك أصبحت المرسل، وأن الشخص أو الاشخاص الذين يتلقون هذا الكلام أو المعلومات هم المستقبلون، وأن الوسط الذي تنتقل فيه المعلومات هو الفضاء، أي أن عملية الاتصالات هنا أصبحت أتصالات لاسلكية وهي لاتحتاج الى أسلاك لنقل المعلومات بين المرسل والمستقبل. البداية ترجع الى العالم الايطالي ماركوني (Guglielmo Marconi) الذي يعود له الفضل في أختراع نظام البرق اللاسلكي وذلك عام 1901 والذي كان الأساس في انشاء العديد من الشركات بهذا الاتجاه.

الخوض في موضوع الاتصالات اللاسلكية يتطلب أن يخصص له كتاب كامل أو مجموعة كتب لما له من أهمية ولما له من تفرعات وتطبيقات واسعة. الاتصالات اللاسلكية هي نقل البيانات أو المعلومات عبر المسافات دون أستخدام الاسلاك أي عبر الفضاء، وأن المسافات قد تكون قصيرة كما هو الحال بالمتحكم عن بعد لجهاز التلفاز أو تكون طويلة جدا كالاشارات الراديوية والتلفزيونية. هناك عدة وسائط لنقل البيانات لاسلكيا منها الترددات الراديوية والاشعة تحت الحمراء والليزرية والمرئية وغيرها.

لو أردنا الدخول بتفاصيل الاتصالات اللاسلكية فأننا نحتاج الى فصول كثيرة للألمام بكافة جوانب الموضوع وتطبيقاته وعلى سبيل المثال فهناك كتب كثيرة تتكلم عن الاتصالات الخلوية فقط، لذا سوف نتطرق في هذا الفصل الى الجوانب المهمة والمؤثرة للأتصالات اللاسلكية في الأقتصاد والاعمال، بالاضافة الى تركيز خاص على الاتصالات الخلوية لما لها من أهمية في الحياة اليومية والاقتصاد والاعمال.

8.2 العالم اللاسلكي   **Wireless world**

> Wireless communications is one of the big engineering success stories of the last 20 years, not only from a scientific point of view, but also in terms of market size and impact on society. Companies that were completely unknown 20 years ago are now household names all over the world.

العالم اللاسلكي بدأ يطغى على كافة الاعمال بل أصبح ضرورة ملحة ومن متطلبات الحياة الضرورية، فتصور نفسك في طريق خارجي وأنت تقود سيارتك وحصل خلل أدى الى توقف السيارة فماذا تستطيع أن تفعل بدون الهاتف الخلوي، وكذلك تصور نفسك وأنت في طريقك الى العمل أن تتعطل سيارتك فكيف يمكن أن تخبر مديرك بدون الهاتف الخلوي، تصور العالم اليوم بدون أتصالات لاسلكية كيف يمكن أن تصبح الحياة، الجواب أنها صعبة جدا.

العالم اليوم يزخر بتقنيات وتطبيقات وخدمات وأعمال لاسلكية لاتحصى فمنها ما يعتمد على الراديو والتلفاز واخرى تعتمد على الهاتف الخلوي وأخرى تعتمد على الشبكات اللاسلكية وأخرى تعتمد على الاقمار الصناعية وغيرها كثيرة، فأذا شئنا أم أبينا فنحن نعيش اليوم ضمن تقنيات العالم اللاسلكي. ضمن هذا العالم بأمكانك عمل وأدارة كافة الصفقات والاعمال على بعد ألاف الكيلومترات وكذلك بأمكانك أدارة المؤسسات والشركات ضمن هذه البيئة. العالم اللاسلكي بدأ يسحب البساط من تحت الاستثمارات ليكون هو عماد الاقتصاد والرائد الاول والقوي مقابل كل الاستثمارات الاخرى لما يقدمه من سهولة في الاستخدام ومرونة في العمل وكفاءة في الاداء أضافة الى الكلفة المعقولة.

8.3 وسائط النقل اللاسلكية Wireless Transmission Media

Power transmission via radio waves can be made more directional, allowing longer distance power beaming, with shorter wavelengths of electromagnetic radiation, typically in the microwave range.

خلال تراسل البيانات اللاسلكية ترسل الاشارات خلال الفضاء ودون الحاجة الى خط مادي أو اسلاك. جميع الاوساط اللاسلكية تتضمن اجزاء مختلفة للأشعة الكهرومغناطيسية (electromagnetic radiation) ولها نفس الخصائص مع الاختلاف في الطول الموجي أو التردد. ان كل مدى معين من الترددات له مؤهلات تساعد في حساب وظيفة معينة او تراسل بيانات معين ضمن المدى وبالتالي له أجهزته وأنظمته الخاصة به.

نظم المايكرويف بضمنها الأرضية والفضائية ترسل اشارات راديوية عالية التردد خلال طبقة الاتوموسفير وتستخدم بشكل واسع للاتصالات للمسافات البعيدة . الاشارات المايكروية تستخدم نظام الخط المستقيم وانها تتأثر بكروية الارض حيث انها تحتاج الى مكرر (repeater) كل 50 كيلومتر هذا ما يزيد كلفة المايكروويف . هذه المشكلة يمكن حلها بأستخدام هذا النظام لارسال الاشارات المايكرويه من المحطة الارضية (terrestrial station). اتصالات الاقمار الصناعية هي ذات كلفة معقولة لارسال كمية كبيرة من البيانات ولمسافات بعيدة . الاقمار الصناعية تستخدم بشكل رئيس للاتصالات في المنظمات المنتشرة على مساحات جغرافية واسعة من الصعب ربطها بأستخدام الاسلاك.

الطيف الكهرومغناطيسي (electromagnetic spectrum) الموضح في الشكل (8.1) مكون من مجموعة من الحزم تبدأ بالموجات الطويلة ذات الترددات الوطئة، والموجات الراديوية والتلفزيونية، والموجات المايكروية، والموجات تحت الحمراء، والموجات المرئية، والموجات فوق البنفسجية، ثم الأشعة السينية وأشعة كاما وكل من هذه الموجات لها أستخدامها ولها تطبيقاتها، وأن الموجات المعنية بنقل البيانات تشمل الموجات الراديوية والتلفزيونية، والموجات المايكروية، والموجات تحت الحمراء، والموجات المرئية.

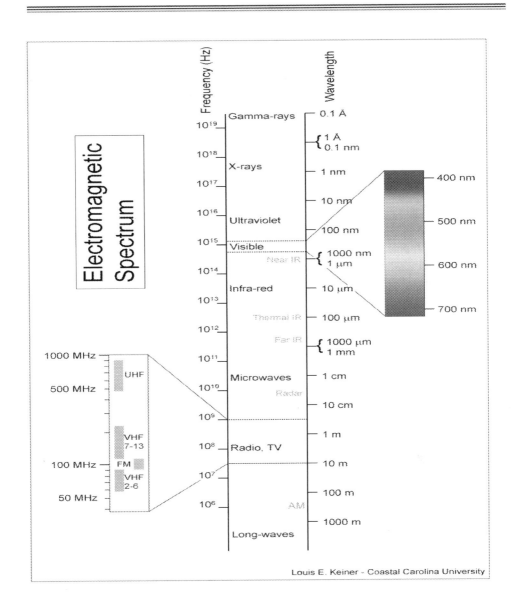

شكل (8.1) الطيف الكهرومغناطيسي

8.4 قيمة الاعمال بالشبكات اللاسلكية   Business Value of Wireless Networking

Wireless technology can measurably improve worker productivity and lead to positive impacts on time, schedules, and quality. The advantages that wireless has over wired network access, including increased access, flexibility, and lower cost.

تكلمنا في الفصل السابق عن أهميـة الشبكـات والاتصـالات والقيمـة التـي تحققهـا الاعمال من تطبيقها، وأما هنا فسوف نتطرق الى ما تضيفه الشبكات والاتصالات اللاسلكية للأعمال، والتي هـي بدورها مضافة الى القيمة التي أضافتها الاتصالات السلكية. أولا وقبل كل شي أن المفهوم اللاسلكي للأتصالات يعني أنه بأمكانك أجراء الاتصالات في أي زمان ومكـان، أي أنك غير ملزم بالتحدد بالموقع الجغرافي الذي لابد منـه بالنسـبة للأتصـالات السـلكية، أي أنـه توجد مرونة كبيرة في المناورة والعمل.

التكنولوجيا اللاسلكية بأشكالها المختلفـة وتقنياتها المتعـددة لها جوانـب أيجابيـة كثيرة في تحسين أداء المنظمة لما تقدمه من خدمات كثيرة في تسهيل أعمالها أضافة الى مرونـة العمـل والجدولة الزمنية ومن هذه الايجابيات:

● أستخدام التكنولوجيا اللاسلكية في المنظمة يرفع من مكانتها في بيئة الاعمال.

● تكاليف تركيب الاجهزة اللاسلكية أصبحت الان أقل مـما عليـه بالنسـبة لتركيـب الاجهـزة السلكية.

● أختصار الـزمن وخصوصـا مـا تقدمـه الاتصـالات اللاسـلكية مـن مهـام متعـددة بالنسـبة للأجتماعات واللقاءات والمؤتمرات.

● سهولة الوصول الى الاعمال من الموظفين والزبائن والموردين.

● الحصول على تنظيم أكثر ومرونة في العمل.

● فوائد مالية كثيرة من خلال بناء البنية التحتية للأتصالات اللاسلكية.

● التكنولوجيا اللاسلكية تقدم مزيا عن التكنولوجيا السلكية بزيادة المرونة وقلة التكلفة.

● فوائد كثيرة للأتصال بالعاملين داخل وخارج المنظمة.

● سرعة الوصول الى المعلومات والحصول عليها.

● سرعة وسهولة اتخاذ القرارات.

Case Study: AT&T Business Impact and Value

Get the most out of your business

Whether your goal is to drive productivity by connecting your employees to mission critical business information, close more sales by connecting sales people to inventories in real-time, keep executive email flowing across continents, or simply delight your customers, you've come to the right place. AT&T has the insight and expertise—backed by decades of experience—to mobilize your business for maximum value.

Here's how we've assisted a few industry leaders.

- A leader in its industry, adidas America recognized that it could increase its sales potential by automating many components of the sales process.
- See how AT&T's Sales Force Automation (SFA) enables TaylorMade to provide their sales team with real-time information.
- See how ICEE has used AT&T Field Service Automation (FSA) solutions to gain efficiencies and reallocate their resources.
- AT&T helped Avis take a premier service nationwide by implementing a customized application.
- AT&T computer aided dispatch helped Ft. Hood Army Police improve officer safety and overall communications.
- AT&T helps Zipcar answer unique consumer need for network coverage and reliability.

Wireless enablement can create tangible value for businesses of every size and type. Ask a representative to schedule a Wireless Strategy Workshop with your business and IT stakeholders and together we will explore the possibilities for wirelessly enabling your business and set your wireless strategy.

Case Study: chose a local organization and explain how Business impact and value by applying wireless networking.

Case Study: chose an international organization and explain how Business impact and value by applying wireless networking.

8.5 البروتوكولات اللاسلكية Wireless Protocols

جميع الاتصالات اللاسلكية تعمل ضمن الترددات الراديوية ولكي تتم عملية الاتصال اللاسلكي لابد من وجود بعض المكونات الاساسية للنظام اللاسلكي وهي مرسل ومستقبل والهوائي الذي يقوم بأستلام وبث الموجات الراديوية أضافة الى الوسط وهو الفضاء الذي تنتقل خلاله البيانات. بما أن البيانات في البيئة اللاسلكية تكون في الفضاء وتكون متاحة للكل لذا فأنه من السهل أستراقها وهذه هي مشكلة رئيسية بالنسبة للأتصالات اللاسلكية فعلية يفضل أستخدام أحدى طرق التشفير لحماية البيانات وللحفاظ عليها من الاستراق. الاجهزة أو الانظمة اللاسلكية المختلفة تعتمد في عملها على أستخدام ترددات راديوية مختلفة منها ما يحتاج الى ترخيص ومنها ما لايحتاج الى ترخيص، وسوف نتطرق الى عدد من البروتوكولات اللاسلكية والتقنيات التي تعمل معها.

8.5.1 بروتوكول واي فاي IEEE 802.11 Wi-Fi

وهو من البروتوكولات اللاسلكية أما التسمية Wi-Fi فأنها ترجع الى Wireless Fidelity، وتوجد أنواع مختلفة منه والنوع الجيد منها يؤمن الاتصالات لغاية 100 متر، وتصل سرعة نقل المعلومات الى 54 ميكا بت لكل ثانية، وتستخدم الترددات الراديوية ما بين 2.4 الى 2.5 كيكاهرتز. هذه البروتوكولات لا تحتاج الى رخصة أو موافقة. موجه الواي فاي يربط الى نقطة الاتصال (access point)، والتي تربط الى الشبكة السلكية ومن ثم الى الانترنت، حيث تسمح لمئات من الاجهزة أن تربط الى الانترنت، وتدعى بالشبكة اللاسلكية البيتية وكما موضح في الشكل (8.2).

توجد تطبيقات كثيرة على تقنية الواي فاي ففي عام 2003 أستخدمت هذه التقنية في الطائرات وخصوصا في الرحلات الطويلة ومنها الخطوط الجوية البريطانية واليابانية وغيرها حيث يستطيع المسافر أستخدامها متى شاء. بأزدياد النمو على أستخدام الاجهزة الحديثة والمزودة بالوصلة اللاسلكية، أصبح من الممكن ربط هذه الاجهزة ضمن موقع

معين مع حاسوب رئيس على شكل شبكة لاسلكية محلية تستخدم لنقل البيانات سواء في الدار أو في المكتب. الحاسبات المحمولة الحديثة كلها مزودة بنقطة لاسلكية لتسهيل عملية الربط اللاسلكي بينها وبين الاجهزة الاخرى.

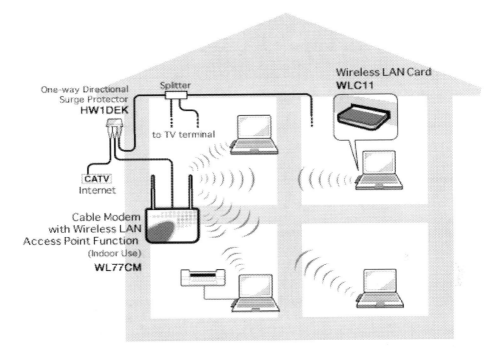

شكل (8.2) الشبكة اللاسلكية البيتية واي فاي

8.5.2 بروتوكول بلوتوث   IEEE 802.15 Bluetooth

وهو من البروتوكولات اللاسلكية أُنتج لأجهزة الخلويات من قبل شركة اريكسون للأتصالات عام 1994 وهدفها توصيل البيانات والصوت لمسافات قصيرة تصل الى عشرة أمتار ويمكن أستخدامها في البيت أو المكتب أو المركبات وكما موضحة في الشكل (8.3). البلوتوث يدخل في تطبيقات كثيرة وهناك اجهزة مختلفة يمكن أن تزود بالبلوثوث لنقل وتبادل البيانات، كلوحة المفاتيح بالحاسوب والماوس والمايكروفون ومشغل الفديو والاجهزة الخلوية والحواسيب المحمولة وغيرها. البلوتوث يعمل على ترددات تتراوح بين 2.4 الى 2.5 كيكاهرتز لارسال البيانات بسرعة 1 ميكابت لكل ثانية.

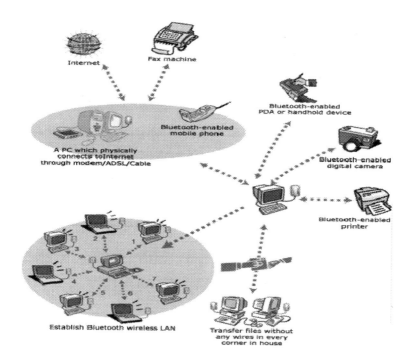

شكل (8.3) تطبيقات البلوتوث

8.5.3 بروتوكول واي ماكس IEEE 802.16 WiMAX

وهـــو مـــن البروتوكـــولات اللاســـلكية أن الـــواي مـــاكس هـــو مختصر Worldwide Interoperability for Microwave Access ويستخدم للدخول على موجات المايكرويف، ويهدف الى زيادة المدى وسرعة الاتصالات اللاسلكية كما موضح في الشكل (8.4). حيث أن المدى يصل الى 110 كيلومتر والسرعة تصل الى 100 ميكابت لكل ثانية، ولكن على أية حال فأن النوع الشائع يصل مداه الى 16 كيلومتراً. واي ماكس تستخدم ترددات مرخصة ضمن المديات 2 الى 11 كيكاهرتز، وهذا له القابلية على تغطية الشبكات الاقليمية (metropolitan area networks) وكذلك الدخول الى الانترنت والاستفادة من خدماتها.

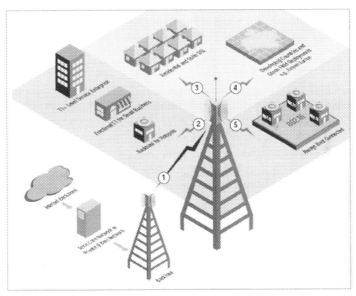

شكل (8.4) تطبيقات واي ماكس

8.5.4 الوصول اللاسلكي للحزمة العريضة المتنقلة

Mobile Broadband Wireless Access IEEE 802.20 (MBWA)

وهو من البروتوكولات اللاسلكية ويعمل بشكل مشابه للنظام الخلوي لانه يحتاح الى أبراج
ثابتة وقد أنشئ عام 2002، ويهدف الى وضع مواصفات كفوءة للأتصالات المتنقلة المعتمـدة
على بروتوكول الانترنت وكما موضح في الشكل (8.5). السرعة المتوقعة لهذا النظام تصل الى 1
ميكابت لكل ثانية بأستخدام الترددات الراديوية المرخصة بتردد أقل من 3.5 كيكـاهرتز. هـذا
البروتوكول صمم ليكون متوافقاً مع الواي فاي والبلوتـوث، ويمكـن أن يقـوم بكـل الخـدمات
التي تقدمها الانترنت ونقل كافة أنواع البيانات.

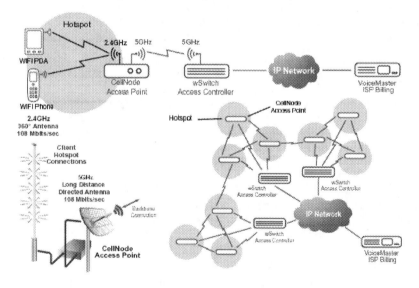

شكل (8.5) الوصول اللاسلكي للحزمة العريضة المتنقلة

Case Study

QUALCOMM Case Study: New York City Office of Emergency Management

Overview: The New York City Office of Emergency Management (OEM) works to mitigate, and plan and prepare for emergencies; educate the public about preparedness; coordinate emergency response and recovery efforts; collect and disseminate critical information; and seek funding opportunities to support the overall preparedness of the City of New York. OEM's main goal was to facilitate field communications and data transmission by using wireless broadband. The answer to OEM's dilemma was manifold. But all revolved around the high-speed everywhere data coverage of the 1xEV-DO network of Verizon Wireless. Considering the work OEM is involved in, this is an invaluable solution.

Case Study
In your city try to arrang a wireless City Office of Emergency Management.

8.6 الهاتف الخلوي Cellular Mobile

The mobile phone or mobile, also called a cellular phone, cell phone, or cell, is a long-range, portable electronic device used for mobile communication that uses a network of specialized base stations known as cell sites.

الهاتف النقال أو المحمول أو الخلوي له تسميات كثيرة كلها تعطى نفس المعنى وهو جهاز الكتروني متنقل بعيد المدي يستخدم للأتصالات المتنقلة ويستخدم شبكة من المحطات المتخصصة (Base Stations)، ويقدم خدمات كثيرة لنقل وتبادل البيانات بأشكالها المختلفة. الاتصالات الخلوية أصبحت ضرورة ملحة حيث بدأت تستقطب

الاستثمارات الضخمة لما لها من تطبيقات وأستخدامات واسعة بل أصبحت من متطلبات الحياة الضرورية في وقتنا الحاضر ونحن نعيش عصر التقنيات اللاسلكية. الجيل القديم للهاتف النقال والمسمى بالجيل صفر (Zero Generation 0G)، بدأ عام 1945 والذي يمثل بأجهزة الوكي توكي أو أضغط لتتكلم قد مر بتطورات كثيرة الى أن ظهرت الهواتف الخلوية. الاتصالات الخلوية تعتمد في عملها على أن التغطية الراديوية تشمل مساحات سداسية على شكل خلايا وأن الخلايا المتجاورة تحمل ترددات مختلفة لكي لايحصل تداخل بينها، أضافة الى أن كل خلية ترتبط بمحطة قاعدة (base station) وكما موضح في الشكل (8.6).

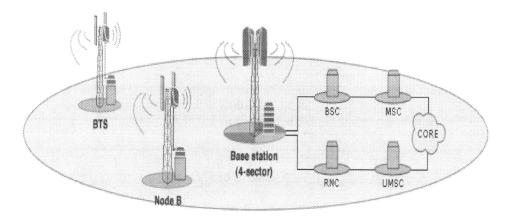

شكل (8.6) النظام الخلوي

للأنظمة الخلوية عدة أجيال وبينها تفرعات أخرى فكلما ظهرت تقنية جديدة في جيل معين يصار الى تسمية فرعية لها وفيما يلي الاجيال الرئيسة للأنظمة الخلوية:

1. الجيل الاول لانظمة الخلويات First Generation Cellular Systems (1G)

الجيل الاول لانظمة الخلويات تم تطبقه في بداية الثمانينات في امريكيا الشمالية بأسم خدمة الهاتف النقال المتقدم Advanced Mobile Phone Service (AMPS) ثم أنتشر

في أوربا، علما بأن هذا الجيل من الهواتف النقالة لم يطبق في البلاد العربية. يتميز هذا الجيل بأن الاشارات الراديوية المستخدمة هنا تكون أشارات تماثلية (analog signals)، ويستخدم نظام تقسيم التردد Frequency Division Multipple Access (FDMA) لدعم وتغطية عدة مستخدمين، علما بأن ما يقدمه من خدمات يقتصر على المكالمات الهاتفية. يمتاز هذا النظام بأن جهاز الهاتف كبير الحجم وله بطارية كبيرة لانه يستهلك طاقة كبيرة أضافة الى أنه يحتاج الى شحن مستمر. وقد شهد هذا النظام عدة تغيرات منها أدخال النظام الرقمي في عملية السيطرة بين الهاتف النقال وموقع الخلية.

2. الجيل الثاني لانظمة الخلويات Second Generation Cellular Systems (2G)

الجيل الثاني لانظمة الخلويات تم تطبقه في نهاية الثمانينيات وأنتشر بشكل كبير في بداية التسعينات، وفي بدايته كان تطويرا للهاتف النقال المتقدم (AMPS)، وأن أشهر أنواعه هو النظام العالمي للأتصالات المتنقلة Global System for Mobile Communications (GSM)، وقد طبق أولا في أوربا، علما بأن هذا الجيل من الهواتف النقالة هو الذي طبق في البلاد العربية، ولهذا الجيل سوق عالمية واسعة جدا. يتميز هذا الجيل بأن الاشارات الراديوية المستخدمة تكون أشارات رقمية (digital signals)، ويستخدم نظام تقسيم التردد Time Division Multipple Access (TDMA) لدعم وتغطية عدة مستخدمين، علما بأنه قدم خدمات اخرى أضافة الى المكالات الهاتفية وهي الرسائل القصيرة والخصوصية في العمل والاستفسار عن الرصيد وغيرها. الاجيال الحديثة منه أمتازت بسرعة أكبر لنقل البيانات تصل الى 2 ميكابت لكل ثانية لذا أضافة خدمات أخرى منها الصور والوسائط المتعددة وغيرها.

3. الجيل الثالث لانظمة الخلويات Third Generation Cellular Systems (3G)

الجيل الثالث لانظمة الخلويات تم تطبقه في بداية سنة 2000 ومن أنواعه IMT2000 و UMTS وأنتشر في أوربا وأمريكا وكثير من الدول الاخرى، علما بأنه لم يطبق في البلاد العربية لحد الان، ويمتاز هذا الجيل بأن البنية التحتية له تختلف عن الجيل الثاني وأن

كلفتها عالية. يتميز هذا الجيل بأن الاشارات الراديوية المستخدمة تكون أشارات رقمية (digital signals)، ويستخدم نظام تقسيم الشفرة Code Division Multipple Access (CDMA). لدعم وتغطية عدة مستخدمين وان تكنولوجيا الجيل الثالث تمكن المستخدمين من تطبيق مدى اوسع من الخدمات الأكثر تقدما من خلال الكفاءة العالية لهذه التكنولوجيا أضافة الى سرعة نقل المعلومات التي تصل الى 10 ميكابت لكل ثانية، وتشمل هذه الخدمات الاتصالات الهاتفية للبيانات والصوت والفديو اللاسلكية واسعة النطاق وفي البيئة المتنقلة. الجيل الثالث يضيف ميزة للهاتف الخلوي هو أنه يعمل بنظام عنونة بروتوكول الانترنت أي أنه بأمكانك أن تدحل الى شبكة الانترنت من هاتفك الخلوي. عدد مشتركي الجيل الثالث للهواتف النقالة بلغ 200 مليون مشترك من أصل 3 بليون مشترك من مجموع مشتركي الهواتف النقالة أي أن النسبة تصل الى 6% وهذه طبعا نسبة قليلة ويتوقع أن تزداد هذه النسبة بشكل كبير بعد أن بدأ قسم من الدول في أنشاء البنية التحتية لتكنولوجيا الجيل الثالث.

4. الجيل الرابع لانظمة الخلويات Fourth Generation Cellular Systems (4G)

الجيل الرابع للهواتف الخلوية تم تطبيقه عام 2007 في الولايات المتحدة واليابان ويمتاز بأنه يعمل بالنظام الكامل لعنونة بروتوكول الانترنت (fully IP based Integrated system)، والذي يُمكن المستخدم من التعامل مع جهاز الهاتف الخلوي كانه طرف من الانترنت. يقدم الجيل الرابع للأتصالات الخلوية سرعة عالية لنقل البيانات تصل الى 100 ميكابت لكل ثانية، وهذا يؤهله لتحمل الخدمات عالية الجودة، كرسائل الوسائط المتعددة والارسال الفديوي والتلفازي والبث الفديوي الرقمي وتقديم الخدمات في أي وزمان وأي مكان (anytime - anywhere).

Case Study

GRAMEEN TELECOM'S VILLAGE PHONES

IN BANGLADESH, 97% of homes and virtually all rural villages lack a telephone, making the country one of the least wired in the world. This lack of connectivity has contributed to the underdevelopment of the country and the impoverishment of individual Bangladeshis. To address this problem Grameen Bank, a micro-finance institution, formed two entities: 1) Grameen Telecom, a wholly-owned non-profit organization to provide phone service in rural areas as an income-generating activity for members of Grameen Bank, and 2) GrameenPhone Ltd. (in partnership with U.S., Norwegian, and Japanese companies), a for-profit entity that bid on and in 1996 won a national GSM cellular license. GrameenPhone (GP) has since become the country's dominant mobile carrier (1), providing service in urban areas and along the major railway routes via a network of cellular towers linked by fiber optic cable.

BUSINESS MODEL

Grameen Telecom (GT) has the explicit goal of helping Grameen Bank's members shift from relatively low-yield traditional ventures like animal husbandry into the technology sector, by creating micro-enterprises that can both generate individual income and provide whole villages with connectivity. GT uses GrameenPhone's advanced GSM technology in stationary village phones owned and operated by local entrepreneurs. These entrepreneurs purchase the phones with money borrowed from Grameen Bank (2), and sell phone service to customers by the call. Rates are generally twice the wholesale rate charged by GP plus taxes and airtime fees. An average of 70 customers a month uses each phone; this shared-access business model concentrates demand and creates relatively high cash flow, even in poor villages, enabling operators to make regular loan payments and still turn a profit. Repayment
rates to Grameen Bank are 90-95%.
Rural telephones are also very profitable for GrameenPhone, bringing in revenues per phone of $93 a month in March 2001, twice as much as GP's urban mobile phones. However, rural phones represent less than 2% of the phones used on GP's network and bring in only 8 % of the company's total revenue, so that the company's profitability depends primarily on its urban business.

Case Study
Select a national company and list the impact of using mobile on business in this company.

Case Study

Webdate™ is the fastest-growing online dating community in an industry that raked in $473 million in 2004 and is expected to bring in $516 million in 2005. Webdate™has enjoyed a rapid ascent in the online dating ranks and now has the sixth largest market share with more than 3.5 million members. In an industry that averaged membership growth of 17% in 2004, Webdate™ flew past their competitors with membership growth of 800%. 1

Case Study

8.7 التجارة عن طريق الهاتف النقـال — Mobile Commerce

M-commerce (mobile commerce) is the buying and selling of goods and services through wireless handheld devices such as cellular telephone and personal digital assistants (PDAs).

التجارة الالكترونية (e-commerce) تعني البيع والشراء للبضائع والخـدمات وحتـى المعلومات عن طريق الانترنت، أما التجارة عن طريـق النقـال (m-commerce) فهـي أجـراء صفقات التجارة الالكترونية عن طريق الهاتف النقال أو أي جهاز لاسلكي يوصل بالانترنت. أن ما يمتاز به الجيلان الثالث والرابع للأتصالات الخلوية هو أمكانية الدخول الى شـبكة الانترنـت عن طريق الهاتف الخلوي وهذا ما يعلل أنتشار التجارة عن

طريق الهاتف الخلوي، أضافة الى أن ما يقدمه الهاتف الخلوي هو أمكانية أجراء الصفقات من أي مكان وفي أي زمان وبذلك يتغلب على الانترنت التي تحتاج الى مكان لكي تتصل بالشبكة.

الاتصالات اللاسلكية الحديثة سهلت أمور كثيرة وهناك تكهنات كثيرة بأن تصبح الطريقة المثلى للمعاملات والصفقات التجارية وخصوصا بعد أن أصبحت أكثر سرعة وأمنا ومرونة وأستقرارا من الاجيال القديمة للأتصالات اللاسلكية أضافة الى زيادة ثقة المواطن بهذه التقنيات. أن القطاعات التي تأثرت بهذه التقنيات يمكن أن تشمل ما يأتي:

1. الخدمات المالية (financial services)، وتتضمن البنوك عن طريق النقال، وخدمات السمسرة، وتداولات الاسهم، وغيرها.

2. التسوق عن طريق النقال (mobile marketng)، ويتضمن عمليات التسوق التي تتم عن طريق الهاتف النقال حيث يمكن أجراؤها من أي مكان وفي أي وقت.

3. الخدمات السلكية واللاسلكية (telecommunications services)، وتتضمن تغيرات الخدمة، ودفع الفواتير، وغيرها.

4. خدمة البيع بالتجزئة (retail services)، حيث يعطى للمستهلكين أمكانية التجزئة والتقسيط والقدرة على عمل ذلك عن طريق النقال.

5. خدمات المعلومات (information services)، حيث تتضمن أيصال الاخبار المالية والرياضية والمرورية عن طريق النقال.

6. الاعلان اللاسلكي (wireless advertising)، حيث بالامكان أستخدام النقال للترويج والاعلان عن البضائع والخدمات.

7. الالعاب والتسلية (games and entertainments)، كثير من شركات الهواتف النقالة تقدم خدمات للألعاب والتسلية والبرامج حيث يمكن الوصول اليها عن طريق الهاتف النقال.

8. خدمات معتمدة على الموقع (location based services)، حيث ان بأمكان الشخص عن طريق الهاتف النقال الحصول على المعلومات المطلوبة حسب موقعه كأفضل طريق يسلكه وأقرب محطة وقود وأقرب مركز صحي وأقرب مستشفى وغيرها.

9. خدمات الرعاية الصحية (health care services)، ظهـرت هـذه الخدمات مـع التطور التكنولوجي للأتصالات اللاسلكية حيث ان بأمكان الشخص متابعة حالتـه الصحية عـن طريق النقال وأرسال المعلومات بشكل مستمر.

10. التعليم عن طريق النقال (mobile learning)، هناك جامعات بدأت تسـتخدم الهـاتف النقال في تسجيل المساقات ومعرفة العلامات بل يتعدى ذلك الى متابعة المحاضرات.

The Mobile Growth   8.8 نمو أستخدام الهاتف النقال

> **International Telecommunication Union (ITU)** data suggest that the number of mobile cellular subscribers surpassed the 3 billion mark – close to 50 percent of the world's population – in August 2007.

لا يخفى على أحد أن الهاتف الثابت قدم خدمات جمة في قطاع الاتصالات وتسهيل الاعمال المؤسسية والتجارية، وهذا الامر أستمر لعشرات السنين ولكن بظهور الهاتف الخلوي وأنتشاره وسهولة أستخدامة دخل عالم الاتصالات كعامل منافسة للهاتف الارضي. الاتصالات النقالة بدأت تنتشر بشكل ملحوظ في بداية التسعينات حيث بلغ عدد المشتركين في الهـاتف النقال لعام 1990 على مسـتوى العـالم 11 مليـون مشـترك ومـع ذلك فـأن هـذا ليس نسـبة ملحوظة مقارنة بالاتصالات الثابتة ولا الى عدد سكان العالم. عدد مشتركي الهاتف النقال بـدأ يظهر له وزن في عام 1995 حيث أصبح عدد المشتركين 91 مليون مشترك وهو ما يعـادل 1% من سكان العالم. الشكلان (8.7) ، (8.8) يمثل الاول عدد مستخدمي الهاتف النقال، ويمثل الثاني نسبة المسـتخدمين بالنسـبة الى سكان العالم منـذ عـام 1995 لغاية 2007. بعد ذلك أصبحت الزيادة تصاعدية لغاية عام 2001 حيث أصبح عـدد مشتركي الهـاتف النقال مليار مشترك وهو ما يمثل 16% من سكان العالم. ولو تابعنا الصعود للاحظنا الزيادة التدريجيـة تستمر لغاية عام 2007 اذ بلغ عدد مشتركي الهاتف النقال ثلاث مليارات مشترك وهو مـا يشكل نصف سكان العالم، أذن تصور هذا الرقم وتصور حجم الاستثمارات التي من شـأنها أن تدخل في هذا المجال. هناك نقطة مهمة في

هذا المجال الا وهي أن هناك أشخاصاً لديهم أكثر من هاتف نقال وهذا يعني أن المؤشرات تقول إن عدد مشتركي الهاتف النقال ربما يفوق عدد سكان العالم في السنوات القادمة. وهنا كذلك لابد من الاشارة الى أن هناك دولاً تقع في مقدمة أعداد مشتركي الهاتف النقال وهذا يرجع الى عامل التكنولوجيا أو الى عامل الكثافة السكانية العالية لتلك الدول وهذه الدول هي الصين وامريكا والهند وروسيا والبرازيل واليابان واندونيسيا. وهناك مؤشرات كثيرة تدل على أن عدد مشتركي الهاتف النقال في الدول العربية بدأ في الازدياد الملحوظ خصوصاً وان هناك منافسة قوية بين شركات الهاتف النقال على كسب السوق العربية في هذا المجال لانها سوق كبيرة ولاتزال في بداياتها.

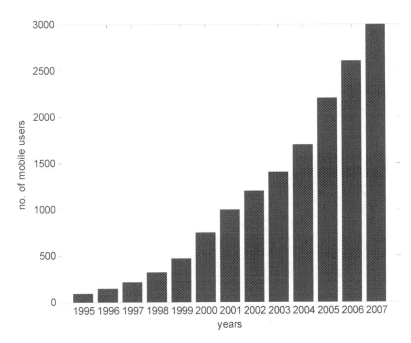

شكل (8.7) نمو مشتركي الهاتف النقال

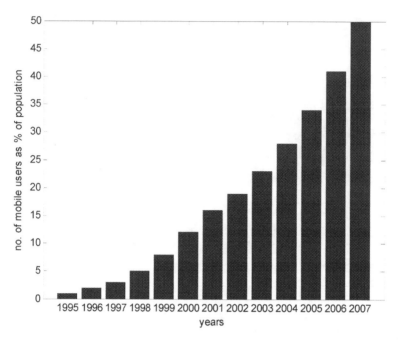

شكل (8.8) نسبة نمو مشتركي الهاتف النقال الى عدد سكان العالم

Mobile Phone Market Growth　　　　　　　　8.9 نمو سوق الهاتف النقال

The worldwide mobile phone market passed a new milestone in shipments by recording over 300 million devices shipped during the fourth quarter, while experiencing slower year-over-year growth for 2007.

سوق الهواتف النقالة يشهد نموا كبيرا خلال السنوات الاخيرة، نظرا للأجهزة الحديثة ذات التقنيات المتطورة التي تضخ الى السوق، عوضا عن سعي المستهلك للحصول على هـذه الاجهزة ذات التقنيات المتطورة. الشـكل (8.9) يوضـح جـدولا بالشركات الخمسـة الرئيسـة الرائدة في العالم في سوق الهواتف النقالة أضـافة الى مقارنـة الحصة السـوقية لكل شركـة في السوق العالمية للسنتين 2006 و 2007. ففي عام 2007

بلغ أجمالي أجهزة الهواتف النقالة التي شحنت الى الاسواق 1144.1 مليون جهاز حيث لايوجد فرق كبير بين هذا الرقم وأجمالي أجهزة الهواتف النقالة التي شحنت الى الاسواق في عام 2006 وهذا يعادل 12.4% من أجمالي النمو. وتعد شركة نوكيا (Nokia) هي قائدة المبيعات خلال هذه السنة اذ تصدرت مجموعة الشركات العملاقة في هذا المجال بأشغالها 38.2% من أجمالي السوق بعد أن كانت تشغل 34.2% لعام 2006 أي بنمو ما يعادل 25.8% من أجمالي السوق. شركة سامسونج (Samsung) تأتي بالمرتبة الثانية، ويلاحظ تراجع نمو شركة موتورولا (Motorola) اذ أنخفضت مبيعاتها لعام 2007 عن عام 2006، ثم شركة سوني أريكسون (Sony Ericson)، وشركة ألجي الكترونكس (LG Electronics).

Top Five Mobile Phone Vendors, Worldwide Full Year 2007 Results

Vendor	2007 Unit Shipments	2007 Market Share	2006 Unit Shipments	2006 Market Share	2007/2006 Growth
Nokia	437.1	38.2%	347.5	34.2%	25.8%
Samsung	161.1	14.1%	113.7	11.2%	41.7%
Motorola	159.0	13.9%	217.4	21.4%	-26.9%
Sony Ericsson	103.4	9.0%	74.7	7.3%	38.4%
LG Electronics	80.5	7.0%	63.5	6.2%	26.8%
Others	202.9	17.7%	200.6	19.7%	1.1%
Total	1144.1	100.0%	1017.4	100.0%	12.4%

شكل (8.9) مبيعات الشركات الخمس الرائدة في سوق الهواتف النقالة

Directions: *Answer each of the questions after reading the article above. Write in complete sentences. You must think and be creative with your answers.*

1. Explain briefly the historical growth of wireless communications.
2. Explain briefly the relation between wireless communications and the inventor Guglielmo Marconi.
3. List the bands of radio frequencies that can use for wireless communications.
4. Wireless technology can measurably improve worker productivity and lead to positive impacts on time, schedules, and quality. Explain that briefly.
5. What are the impacts of wireless technology in business?
6. What are the differences between Wi-Fi and Bluetooth protocols?
7. What are the differences between WiMax and MBWA protocols?
8. What are the impacts of mobile communications in business?
9. Explain briefly the difference between first and second generations mobile systems.
10. Explain briefly the difference between third and fourth generations mobile systems.
11. What are the difference between e-commerce and m-commerce?
12. List the main fields of m-commerce.
13. What are your expectations of m-commerec in Arabic countries?
14. What is The International Telecommunication Union (ITU)?
15. Explain briefly the mobile subscribers growth.
16. What are your expectations of mobile subscribers growth?
17. Explain briefly the mobile phone market growth.
18. What are your expectations of mobile phone market growth?
19. RFID is one of the latest wireless technologies. Explain its performance.
20. List some applications of RFID.

Multiple choice questions

1. Wireless communication is the transfer of information over a distance
    a) without the use of electrical conductors or wires.
    b) with the use of electrical conductors or wires.
    c) with the use of fiber optics cables.
    d) all of the above.

2. The distances of wireless communication involved may be
    a) all of the bellow.
    b) short.
    c) medium.
    d) long.

3. The main challenge of wireless communications is
    a) security.
    b) distance.
    c) cost.
    d) all of the above.

4) Microwave systems need each 50 Km to install
    a) repeater.
    b) router.
    c) switch.
    d) all of the above.

5) Wireless technology can measurably improve worker productivity and lead to positive impacts on
    a) all of the bellow.
    b) time.
    c) schedules.
    d) quality.

6) WiFi is a family of wireless protocol that supports communications
    a) within 100 meters.
    b) within 200 meters.
    c) within 300 meters.
    d) all of te above.

7) Wi-Fi networks have

    a) limited range.

    b) medium range.

    c) wide range.

    d) all of the above.

8) Bluetooth is a family of wireless protocol that supports communications

    a) all of the bellow.

    b) 10 meters.

    c) 5 meters.

    d) 1 meters.

9) Bluetooth networks have

    a) short range.

    b) medium range.

    c) wide range.

    d) all of the above.

10) WiMax is typically reaches

    a) all of the bellow.

    b) 16 Kilometers.

    c) 10 Kilometers.

    d) 6 Kilometers.

11) A huge hotspot of WiMax that applied to connect

    a) Metropolitan area network.

    b) Wide area network.

    c) Local area network.

    d) all of the above.

12) Mobile Broadband Wireless Access (MBWA) functions similarly to

    a) all of the bellow.

    b) cell phone communications.

    c) mobile communications.

    d) cellular communications.

13) GSM uses

    a) Time Division Multipple Access Technique.

    b) Frequency Division Multipple Access Technique.

c) Code Division Multipple Access Technique.

d) all of the above.

14) UTMS uses

    a) Code Division Multipple Access Technique.

    b) Frequency Division Multipple Access Technique.

    c) Time Division Multipple Access Technique.

    d) all of the above.

15) Fourth Generation Cellular Systems are

    a) fully IP based Integrated system.

    b) semi IP based Integrated system.

    c) not IP based Integrated system.

    d) all of the above.

16) In e-commerce you can do the transaction

    a) anytime.

    b) anywhere.

    c) anytime – anywhere.

    d) all of the above.

17) In m-commerce you can do the transaction

    a) all of the bellow.

    b) anytime.

    c) anywhere.

    d) anytime – anywhere.

18) M-commerce is the buying and selling of goods and services

    a) all of the bellow.

    b) through wireless media.

    c) through mobile device.

    d) through wireless laptop.

19) RFID is

    a) radio frequency identification.

    b) radio frequency international development.

    c) radio frequency internal device.

    d) radio frequency internet device.

20) VoIP is

    a) voice over internet protocol.

    b) voice over internal protocol.

    c) voice over international protocol.

    d) voice over integrated protocol.

References

1. Miller, "MIS Cases: Decision Making with Application Software, 3/E", 2007, Prentice Hall.

2. McLeod & Schell, "Management Information Systems, 10/E", 2007 ,Prentice Hall.

3. Laudon & Laudon, "Management Information Systems & Multimedia Student CD Package: International Edition, 10/E", 2007, Pearson Higher Education.

4. Laudon & Laudon, "Management Information Systems:Managing the Digital Firm with Student Multimedia CR-ROM, 10/E", 2007, Prentice Hall.

5. Kroenke, "Using MIS and Student DVD", 2007, Prentice Hall.

6. Bocij, Chaffey, Greasley & Hickie, "Business Information Systems: Technology, Development and Management for the E-business, 3/E", 2006, Financial Times Press.

7. McNurlin & Sprague, "Information Systems Management in Practice: International Edition, 7/E", 2006, Pearson Higher Education.

8. Quittel, "The Prentice Hall IT Career Guide, 2/E" 2006, Prentice Hall.

9. Chaffey & Wood, "Business Information Management: Improving Performance using Information Systems", 2005, Financial Times Press.

10. Curtis & Cobham, "Business Information Systems: Analysis, Design & Practice, 5/E", 2005, Financial Times Press.

11. Malaga, "Information Systems Technology", 2005, Prentice Hall.

12. Boddy, Boonstra & Kennedy, "Managing Information Systems: an organisational perspective, 2/E", 2005, Financial Times Press.

13. Laudon & Laudon, "ActiveBook, Management Information Systems, 8/E", 2004, Prentice Hall.

14. Elliott, "Global Business Information Technology: an integrated systems approach", 2004, Addison-Wesley.

15. Senn, "Information Technology: Principles, Practices, and Opportunities, 3/E", 2004, Prentice Hall

16. McGovern, Ambler, Stevens, Linn, Sharan & Jo, "Practical Guide to Enterprise Architecture, A", 2004, Prentice Hall.

17. Jessup & Valacich, "Information Systems Today and Video Package", 2003, Prentice Hall.

18. Aron & Sampler, "Understanding IT: A Manager's Guide", 2003, Financial Times Press.

19. Morgan, "Business Rules and Information Systems: Aligning IT with Business Goals", 2002, Addison-Wesley.

20. Alter, "Information Systems: Foundation of E-Business, 4/E", 2002, Prentice Hall.

21. Harry, "Business Information: A Systems Approach, 3/E", 2001, Financial Times Press.

22. Ince, Clifton & Sutcliffe, "Business Information Systems, 6/E", 2000, Financial Times Press.

23. Jessup & Valacich, "Information Systems Today: Managing in the Digital World: International Edition, 3/E", 2008, Pearson Higher.

24. Liebowitz, Agresti & Djavanshir, "Communicating as IT Professionals", 2006, Prentice Hall.

25. Martin, Brown, DeHayes, Hoffer & Perkins, "Managing Information Technology: International Edition, 5/E", 2005, Pearson Higher Education.

26. George, "Computers in Society", 2004, Prentice Hall.

27. Luftman, "Managing the Information Technology Resource: Leadership in the Information Age", 2004, Prentice Hall.

28. Dickson & DeSanctis, "Information Technology and the Future Enterprise: New Models for Managers", 2001, Prentice Hall.

29. Martin, Brown, DeHayes, Hoffer & Perkins, "Managing Information Technology: International Edition, 5/E", 2005, Pearson Higher Education.

30. White & Downs, "How Computers Work, 9/E", 2008, Que Publishing.

31. Evans, Martin & Poatsy, "Technology In Action, Complete, 4/E", 2008, Prentice Hall.

32. Beekman & Quinn, "Tomorrow's Technology and You, Complete: International Edition, 8/E", 2008, Pearson Higher Education.

33. Daley, "Computers Are Your Future, Complete: International Edition, 9/E", 2008, Pearson Higher Education.

34. Daley, "Computers Are Your Future, Introductory, 9/E", 2008, Prentice Hall.

35. Adams & Scollard, Internet Effectively: A Beginner's Guide to the World Wide Web", 2006, Addison-Wesley.

36. Bird, "The Complete Guide to Using and Understanding the Internet", 2004, Prentice Hall.

37. Miller, "Absolute Beginner's Guide to Computers and the Internet", 2002, Que Publishing.

38. Panko, "Business Data Networks and Telecommunications, 6/E", 2007, Prentice Hall.

39. Dooley, "Business Data Communications", 2005, Prentice Hall.

40. Stamper & Case, "Business Data Communications: International Edition, 6/E", 2003, Pearson Higher Education.

مراجع الصور والأشكال

Fig4.1 حاسوب الجيل الاول
http://www.schrotthal.de/univac/univac_III_back.jpg

Fig4.1 حاسوب الجيل الثاني
http://www.redstone.army.mil/history/archives/misc/computers_ibm7090_1962_02.jpg

Fig4.1 حاسوب الجيل الثالث
http://infolab.stanford.edu/pub/voy/museum/phototourpages/IBM360-65consoleSmall.jpg

Fig4.1 حاسوب الجيل الرابع
http://www.dartblog.com/data/images/ibm486.jpg

Fig4.1 حاسوب الجيل الخامس
http://www.overclockersclub.com/siteimages/gallery/cases/Gu3Tz3r1099085667Image(096).jpg

Fig4.1 حاسوب الجيل الخامس
http://www.kmisinc.com/assets/technology/generations/computermodqs.jpg

Fig4.2 الحاسوب الشخصي
http://www.gcassini.it/immagini/personal_computer.jpg

Fig4.2 الحاسوب المكتبي
http://home.olemiss.edu/~mkaiken/609/Web/img/desktop.jpg

Fig4.2 الحاسوب المحمول
http://www.dieselboss.com/travrout/laptop_bt_sm.jpg

Fig4.2 الحاسوب الدفتري
http://www.rivaon.com/arhiv/2003/v232/notebook.jpg

Fig4.3 محطة عمل طرفية
http://www.avtecinc.com/images/workstation1.jpg

http://medicine.osu.edu/Radiology/images/Dept_Info_images/4_7T/4_7Facility/computer_workstation_1.jpg

Fig4.4 الحواسيب الكبيرة
http://www.pecktechdesigns.com/Introduction/images / ComputerMainframe.jpg

http://www.pecktechdesigns.com/Introduction/images / ComputerMainframe.jpg

Fig4.5 الحواسيب العملاقة
http://news.com.com/i/ne/p/2004/supercomputer_400x296.jpg

http://news.com.com/i/ne/p/2004/102504_columbia.jpg

Fig4.7 وحدة المعالجة المركزية
http://linux.webseason.net/cpu/images/cpu4.jpg

Fig4.8 أجهزة الادخال
http://atp.nlb-online.org/Lessons/unit4/images/keyboard.jpg
http://www.echotrademarketing.com/productPics/RCA_Computer_Optical Mouse_PC7010.jpg

http://images.tomshardware.com/2005/08/18/gigabyte_w511a_is_a_multimedia_note book_at_an_attractive_price/gigabyte_touchpad.jpg
http://puntoeduft.indire.it/materialic/Modulo2/img/mouse2_2i2.jpg
http://content.answers.com/main/content/wp/en/4/41/Trackball2.jpg
http://www.thosewerethedays.de/items/joysticks/spectravideo_quickshot_i_620x640.JPG
http://www.dmsourcing.com/images/products/touch-screen_1.jpg
http://www.comfortkeyboard.com/images/graphical_tablet.jpg
http://instruct1.cit.cornell.edu/Courses/eceprojectsland/STUDENTPROJ/2003to2004/mw86/interface.jpg

Fig4.9 أجهزة الاخراج
http://www.superwarehouse.com/images/products/monitors/crt/19/ctx/ctx_VL950SL-1_19in_crt_monitor.jpg
http://www.neutronexpress.com/prod_images/04/725304_VIEWSONIC_E90B4.jpg
http://h10010.www1.hp.com/wwpc/images/emea/hp-flat-panel-monitor-l1925_190x170.jpg
http://www.business-supply.com/product_images/image/TD/I269947_epson-lq-590-printer-b-w-dot-matrix-roll-(8-5-in)-jis-b4-24-pin-up-to-529-char-sec-parallel-usb.jpg
http://dpnow.com/images/archives/Canon%20BJ%20i560%20ink%20jet%20printer.jpg
http://www.laser-printer-reviews.com/laser-printer-reviews/hp-laserjet-1200-laser-printer-review.jpg
http://www.made-in-http://www.cpr-usa.com/sony-laptop.jpg
http://static.howstuffworks.com/gif/speaker-intro.jpg
http://bbspot.com/Images/News_Features/2005/10/silent_sound_card.jpg

Fig4.10 أنواع مختلفة من الذاكرة
http://img.epinions.com/images/opti/93/b1/pr-Compaq_64_MB_SDRAM_401062-B21_Random_Access_Memory-resized200.jpg
http://www.new-forest-it.com/assets/Virtual_Memory.jpg
http://img.epinions.com/images/opti/4c/8f/pr-Lexmark_ROM_font_card_13K0227_Read-Only_Memory-resized200.jpg
http://static.howstuffworks.com/gif/bios.jpg

http://www.oamao.com/Matos/ordi/guide/SDRAM.jpg
http://www.pcwatch.com/QB/memory/images/rdram.jpg

Fig4.11 أنواع أجهزة الخزن
http://www.andrewsavory.com/blog/archives/images/hard_disk.jpg
http://www.vigorelectronics.com/images/VUD002.jpg
http://www.cc.jyu.fi/~emlapinl/ope/floppy%2520disk.jpg
http://encyklopedia.helion.pl/images/thumb/8/8a/300px-Floppy_disk_5.25_inch.jpg
http://www.usbyte.com/images/Zip_disk.JPG
http://www.irsural.ru/gallery/autocatalog/flash_drive/USB_Flash_Drive.jpg
http://www.business-supply.com/product_images/image/TD/I262363_lexar-professional-80x-wa-flash-memory-card-2-gb-80x-compactflash-card.jpg
http://www.state-code-books.com/prod_images/Generic_CD-ROM.jpg
http://www.hkproducts.net/ProductStore/415/b-10%20dvd%20rom.jpg

Fig7.2 local area network
http://images.search.yahoo.com/search/images/view?back=http%3A%2F%2Fimages.search.yahoo.com%2Fsearch%2Fimages%3Fp%3Dlan%26ei%3DUTF-8%26x%3Dwrt%26js%3D1%26ni%3D21&w=494&h=290&imgurl=k-lara.wz.cz%2FLAN.jpg&rurl=http%3A%2F%2Fwww.exoticapark.com%2Fmodels%2Flan.php%3Fv%3D15978&size=17kB&name=LAN.jpg&p=lan&type=jpeg&no=2&tt=2,299,580&oid=dcee1053158f9b66&ei=UTF-8

Fig7.2 Metropolitan area network
http://images.search.yahoo.com/search/images/view?back=http%3A%2F%2Fimages.search.yahoo.com%2Fsearch%2Fimages%3Fp%3Dmetropolitan%2Barea%2Bnetworks%26ei%3DUTF-8%26x%3Dwrt%26js%3D1%26ni%3D21&w=450&h=200&imgurl=www.sanluis.gov.ar%2Fres%2F5762%2Fimg%2Fredes%2F3442.jpg&rurl=http%3A%2F%2Fwww.sanluis.gov.ar%2Fcontenidos.asp%3Fidcanal%3D5762%26amp%3Bid%3D4613&size=35.2kB&name=3442.jpg&p=metropolitan%20area%20networks&type=JPG&oid=64aa8e4ca75c8624&no=15&tt=293

Fig7.2 wide area network

http://images.search.yahoo.com/search/images/view?back=http%3A%2F%2Fimage
s.search.yahoo.com%2Fsearch%2Fimages%3Fp%3Dwide%2Barea%2Bnetworks%2
6ei%3DUTF-
8%26js%3D1%26ni%3D21%26b%3D22&w=450&h=160&imgurl=www.buytelco.n
et%2FAssets%2Fimages%2Fsmall_wan.gif&rurl=http%3A%2F%2Fwww.buytelco.n
et%2FNetworkApplications.asp%3FID%3D302&size=9.8kB&name=small_wan.gif
&p=wide+area+networks&type=gif&no=29&tt=5,478&oid=2a75457bc31b507c&ei
=UTF-8

Fig7.3 network interface card

http://en.wikipedia.org/wiki/Network_card

Fig7.3 hub

http://en.wikipedia.org/wiki/Image:4_port_netgear_ethernet_hub.jpg

Fig7.3 bridge

http://images.search.yahoo.com/search/images/view?back=http%3A%2F%2Fimage
s.search.yahoo.com%2Fsearch%2Fimages%3Fp%3Dnetwork%2Bbridge%26ei%3D
UTF-8%26fr%3Dyfp-t-
501%26x%3Dwrt%26js%3D1%26ni%3D21&w=2994&h=1764&imgurl=wheatstone
.com%2Fimages%2Fphotos%2Fbridge.jpg&rurl=http%3A%2F%2Fwheatstone.com
%2Fproduct_photos.html&size=743.3kB&name=bridge.jpg&p=network+bridge&t
ype=jpeg&no=4&tt=27,088&oid=2d79ca3304ba3836&ei=UTF-8

Fig7.3 switch

http://images.search.yahoo.com/search/images/view?back=http%3A%2F%2Fimage
s.search.yahoo.com%2Fsearch%2Fimages%3Fp%3Dnetwork%2Bswitch%26ei%3D
UTF-8%26fr%3Dyfp-t-
501%26x%3Dwrt%26js%3D1%26ni%3D21&w=600&h=304&imgurl=images.overst
ock.com%2Ff%2F102%2F3117%2F8h%2Fwww.overstock.com%2Fimages%2Fprod
ucts%2FL1149910.jpg&rurl=http%3A%2F%2Fwww.icc2001.com%2Fp%2FML191
DD1.html&size=26.3kB&name=L1149910.jpg&p=network%20switch&type=JPG&
oid=a5f001fc10d0bd4a&no=2&tt=68527

Fig7.3 router

http://images.search.yahoo.com/search/images/view?back=http%3A%2F%2Fimages.search.yahoo.com%2Fsearch%2Fimages%3Fp%3Dnetwork%2Brouter%26ei%3DUTF-8%26fr%3Dyfp-t-501%26x%3Dwrt%26js%3D1%26ni%3D21&w=200&h=200&imgurl=img.epinions.com%2Fimages%2Fopti%2F7f%2Fe0%2Fpr-Linksys_Linksys_Wireless-B_Network_Kit_W11S4PC11_Router-resized200.jpg&rurl=http%3A%2F%2Fwww.epinions.com%2Fpr-Linksys_Linksys_Wireless-B_Network_Kit_W11S4PC11_Router&size=6kB&name=pr-Linksys_Linksys_Wireless-B_Network_Kit_W11S4PC11_Router-resized200.jpg&p=network+router&type=jpeg&no=8&tt=65,079&oid=438c4ae1e5fd232c&ei=UTF-8

Fig8.1 electromagnetic spectrum

http://en.wikipedia.org/wiki/Image:Electromagnetic-Spectrum.png

Fig8.2 WiFi

http://www.maspro.co.jp/en/newproducts/wl77/images/lan_h_e.gif

Fig8.3 bluetooth

http://www.a2.com/images/bluetooth.gif

Fig8.4 WiMax

http://www.intel.com/standards/case/pix/wimax_illus.gif

Fig8.5 Mobile Broadband Wireless Access IEEE 802.20 (MBWA)

http://www.sysmaster.com/simgs/mobile_access_solution.gif

Fig8.6 cellular system

http://www.cambridgebroadband.com/pic/vs_cellular_backhaul.gif

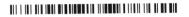

T0157610

Printed in the United States
By Bookmasters